LinkedIN 200 millones: El CEO se ha quedado obsoleto

I0489309

Together

Everybody

Achieves

More

Por Jorge Zuazola ™ fundador de Spanish Leadership © 2012 y el equipo de asociados (www.spanishleadership.com) y miembros http://www.linkedin.com/groups/Spanish-Leadership-1072317 . 30 Diciembre 2012 **ISBN-13:978- 1481875974 ISBN-10: 1481875973**

DEDICATORIA

A San Ignacio de Loyola cuyos ejercicios espirituales son un ejemplo para todos los malos gestores de tiempo del mundo corporativo que no saben interpretar este su diagrama de gestión de tiempo desde Domingo hasta el Sábado siguente.

G

G

G

G

G

G

G

NOMENCLATURA, FORMATO Y DUPLICACIÓN LINKEDIN DEL LIBRO

Este libro nace con vocación de best seller porque se basa en conceptos únicos como:

- Leadership
- Network
- Duplicación
- LinkedIn

Todos sus miembros se "conocen" vía LinkedIn la mayor red de profesionales del mundo con más de 200 millones de usuarios. LinkedIn es una empresa que acaba de salir a bolsa en Mayo 2011 en Estados Unidos. A nivel nacional los linkedineadores españoles (residentes en España o en el extranjero) superan a países como Alemania, Francia o Italia estando en Europa solo por detrás de Reino Unido y Holanda. Es por tanto pertinente explicar la estructura de este líbro que tiene más de 100 páginas de formato A4. Lo cual serían entre 400 y 500 páginas de un libro normal. Es por tanto un libro líder que se nutre de la fuerza de su network para duplicarse.

Nomenclatura

PRÓLOGO DE PABLO MORATINOS

Spanish Leadership: Iniciativa y concepto de liderazgo (Jorge Zuazola)

Prueba evidente de que LinkedIn funciona (Jorge Zuazola)

Actitud de líder en tu organización te abre mercados (Arturo de las Heras)

Network es una relación win-to-win que te vale para todo en la vida (Francisco Rosado)

Innovación es condición sine-qua-non- para el buen gestor (Javier Carvajal y Felipe Calvo)

Siempre hay que estar en vanguardia con las nuevas tecnologías (Rafa Villagrá)

Humildad en reconocer tu retraso te hará aún más grande (Idoia Izaguirre)

Lidera aquél que toma decisiones diarias y hace seguimiento sobre las mismas (Carlos Puig)

Españoles de todo el mundo triunfan en LinkedIn (Eduardo Sanz Muñoz de las Navas)

Analizar lo que haces y dejarte aconsejar te hacen un verdadero CEO (Gabriel Asensi)

Desarrollar negocios online es clave para un buen CEO (Jose Luis Portela)

Expatriarse triplica tu valor como CEO y más con LinkedIN (Juan Antequera)

Reino Unido es el ejemplo a seguir, pero podemos ser mejores (Antonio Urrea)

Servicios y Sinergías claves del emprendedor y el network (Jonatan Belarde)

Holanda pudo perder el mundial pero es líder en LinkedIn (Juan Antonio Mesonero)

Iniciativa personal es la base de un buen emprendedor y gestor (Andrés Cañadas)

Pymes leadership la receta contra la crisis mental nacional (Juan José Hernández)

Formato

El Formato está orientado de tal forma que el lector pueda obtener el mayor crecimiento personal del mismo.

Con frecuencia muchos libros best seller son unas 250 páginas de formato y tamaño muy inferior a este.

Esto ocasiona que en multitud de veces el lector olvide el contenido de lo aprendido en el libro. En este caso el lector tiene hasta un Blog para auto-emponderarse.

La función del liderazgo no es crear más seguidores sino crear más líderes. Del éxito en la duplicación de líderes depende del éxito de un gran líder. Por tanto este libro que nace con vocación de líder busca el emponderamiento de las personas aprendiendo los conceptos aquí explicados.

Por ello el libro consta de

- Un Indice detallado para capítulo y sección a fin de que el lector pueda siempre referirse a cualquier página del libro.

- Un formato estilo manual corporativo para que el lector pueda hacer uso del libro en su vida profesional y diaria y aplicarlo día a día.

- Una biografía de cada uno de los autores de capítulos del libro. Porque creemos en el TEAM (Together Everybody Achieves More). Aquí todo el mundo aporta. La humildad es la reina de las virtudes.

- Un blog en blanco al final para que tomes notas y citas de liderazgo y las utilices en twitter y LinkedIn para así aumentar tu valor de marca personal en el mercado

Duplicación LInkedIn

El poder de la duplicación es ilimitado. Pero la gente no lo sabe ver. Si a ti te ofrecieran un millón de Euros el día 1 de Junio 2012 v un céntimo de Euro duplicándose solo 30 días, deberías saber que es mejor el céntimo y que de hecho perderías más de 4 millones de Euros si ignoras la duplicación. Aquí la prueba en base a la sección estadísticas de contactos de LinkedIN del fundador de Spanish Leadership. Esto dice su red LinkedIn

Cuando encuentres a la gente que buscas, podrás contactar con ella por medio de presentaciones y contactos de confianza. Tu red crece cada vez que incorporas un contacto — **invita a contactos ahora**.

Tu red de profesionales de confianza

Tú estás en el centro de tu red. Tus contactos pueden presentarte a 22.780.900+ profesionales — así es como está dividida tu red:

Tus contactos Tus amigos y colegas de trabajo de confianza	**5.121**
A dos grados de distancia Amigos de amigos; cada uno conectado a uno de tus contactos	**3.628.700+**
A tres grados de distancia Comunícate con estos usuarios por medio de un amigo y uno de sus amigos	**21.409.800+**
Número total de usuarios que puedes contactar por medio de una presentación	**22.780.900+**

46.366 personas nuevas en tu red desde el 16 de Diciembre

La red LinkedIn

El número total de usuarios de LinkedIn, que pueden ser contactados directamente a través de mensajes InMail.

Número total de usuarios que puedes contactar directamente — **¡prueba una búsqueda ahora!**

100,000,000+

Datos de la red de un amigo suyo en Madrid

Acceso regional: Las ubicaciones más populares de tu red:

16%
     1. Madrid y alrededores, España

8%
     2. Barcelona y alrededores, España

4%
     3. Argentina

2%
     4. Nueva York y alrededores

2%

5. España

Tu región: Madrid y alrededores, España

Tus contactos se encuentran en 111 ubicaciones pero tu red te da acceso a **1.470 ubicaciones adicionales**, entre ellas:

- Reino Unido
- Atlanta y alrededores
- Área Metropolitana de Washington D.C.

Las ubicaciones **de mayor crecimiento** de tu red:

1. Madrid y alrededores, España
2. Barcelona y alrededores, España
3. Argentina

Acceso de sector Los sectores más representados en tu red:

10%
    1. Servicios y tecnología de la información
6%
    2. Marketing y publicidad
5%
    3. Consultoría de estrategia y operaciones
4%
    4. Recursos humanos
4%
    5. Telecomunicaciones

Tu sector: Internet

Tus contactos están en 117 sectores pero tu red te da acceso a **148 sectores adicionales**, entre ellos:

- Equipo informático
- Apuestas y casinos
- Artículos de lujo y joyas

Los sectores **de mayor crecimiento** de tu red:

1. Consultoría de estrategia y operaciones
2. Servicios y tecnología de la información
3. Dotación y selección de personal

En conclusión este libro nace con vocación de best seller. Se comercializará en todas las webs de distribución de libros más importantes del mundo. Pero la vocación de duplicación en LinkedIn, que integra a Twitter, es la clave de su éxito en su estratégico objetivo de llegar a best seller.

NOTA DE LOS AUTORES

Este libro está escrito bajo la premisa del buen gusto y sin aras de polemizar. Cualquier referencia de prensa o Internet a este libro que quiera polemizar entra en conflicto con el objetivo del mismo. Cuando se publica este libro en Diciembre 2012 LinkedIn cuenta ya con mas de 3 millones de Linkedineadores lo cual hacen de España un país líder en Europa. Este dato avala las tesis de Jorge Zuazola, fundador de Spanish Leadership, de que si toda España estuviese linkedineada la recesión no existiría. El propio CEO de LInkedIn, Jeff Weiner dice en el canal oficial de LinkedIn en youtube que la apertura de su oficina en Madrid prueba que España es uno de los países de mayor crecimiento de Europa.

Jorge Zuazola ha propuesto un temario para este libro. Todos sus colegas linkedineadores han escrito el capítulo correspondiente de forma independiente. No existen normas de formateo mas allá de tener una URL LInkedin y escribir en Times New Roman 12. No existe editorial en este caso. La editorial son los propios co-autores. Cada autor tiene la responsabilidad de revisar sus capítulos inclusive los gazapos gramaticales.

Dicho todo esto, la obra es de una inmensa calidad porque la información que se ofrece en la misma es el resultado del lema de Spanish Leadership que es TEAM

Together

Everybody

Achieves

More

INDICE

PRÓLOGO DE PABLO MORATINOS

http://www.linkedin.com/in/pablomoratinos/

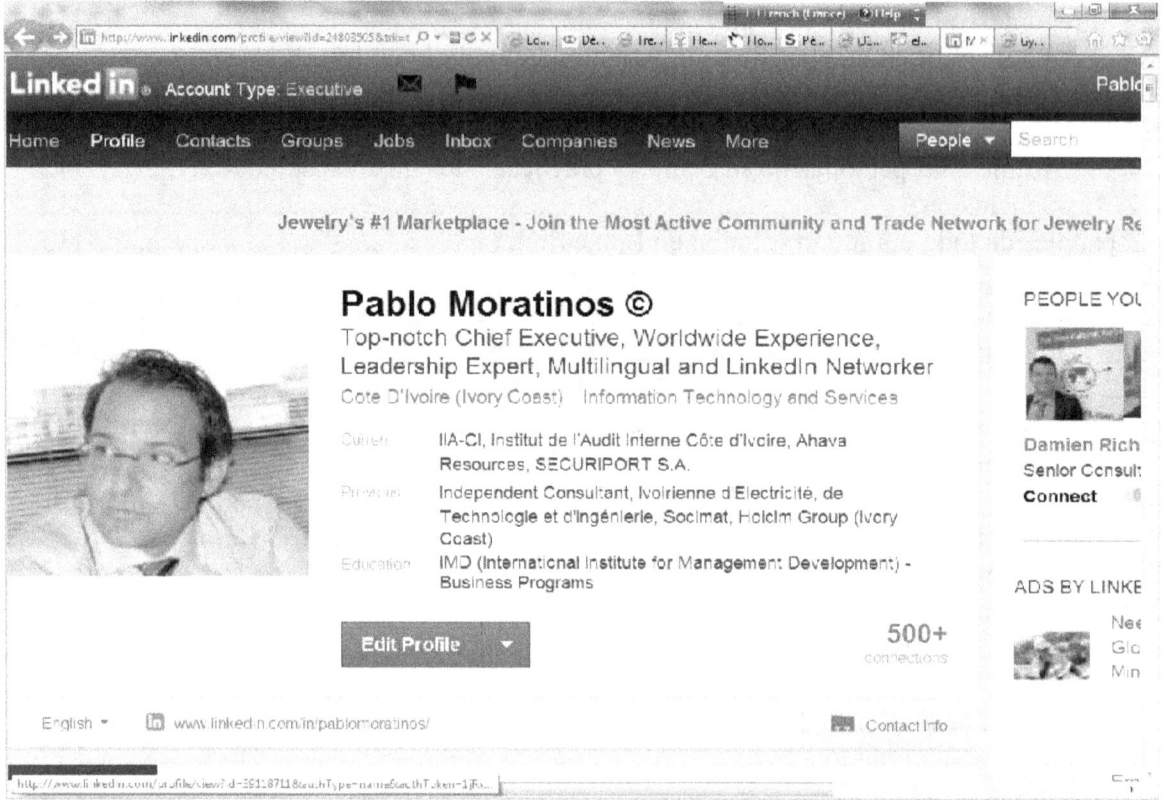

« Si no estas en LinkedIn, no existes », tal fue la descripción de la Revolución LinkedIn como la mayor red profesional del Management 2.0 del Siglo XXI por el Dr. Juanma Roca en su libro titulado « REVOLUCION LINKEDIN ».

Desde que personalmente allá por el año 2008 me interesase por esta red social por excelencia, entendí rápidamente lo imprescindible que es el NETWORK. Con LinkedIn entramos de lleno en la revolución del Management del Siglo XXI y sin él claramente el CEO que somos o que aspiramos a ser no podremos integrarnos en la era de la red profesional por excelencia.

LinkedIn ha llegado rápidamente a cambiar radicalmente las reglas del juego, pero sin una implicación para crear y desarrollar NETWORK no se puede coger el tren de la telaraña global de los negocios y de la globalización. Además de conectarse a LinkedIn debemos aspirar a liderar y a transmitir el liderazgo que esta dentro de cada uno: todo para conseguir el LEADERSHIP.

A lo largo del libro, el lector se dará cuenta del alcance que tiene LinkedIn a través de lema « SPANISH LEADERSHIP » cuyo origen ha hecho que mas de cuatro mil linkeadores formen parte del grupo fundado por Don Jorge Zuazola - mentor personal de esta red por excelencia.

Gracias a LinkedIn somos Producto, Marca, Persona, Líder, Comunicador, por ello no nos podemos permitir en no estar presentes y poder beneficiarnos del NETWORK. Hemos entrado en la era de los medios sociales donde LinkedIn ha logrado invertir las reglas del juego del « Business » y nos ayuda a crear una red amplísima de contactos ya que nos permite llegar mas rápidamente a nuestros clientes.

Gracias a LinkedIn el Empleado, el Directivo, el CEO, el Consultor, el Profesional negocia a nivel global vía su perfil y su habilidad para extender su red de contactos vía la duplicidad del network. En definitiva lo que tiene que entender el CEO o cualquier Líder es que LinkedIn le permite llegar y alcanzar sus metas y objetivos.

Por ello la cifra de los 200 Millones que pronto será realidad se quedara corta ya que LinkedIn no tiene límites y es lo que cualquier Linkeador tiene que pensar: no hay que contentarse con la conexión simple de amigos, hay que pensar en la duplicación continua y crear valor y liderazgo. El CEO tiene que tener en mente que el no estar presente en LinkedIn le condena a no ser el CEO que piensa, sin embargo el hecho de estar dentro de LinkedIn te permite conocer y beneficiarte del poder del networking.

Tomad buena nota de lo que viene a continuación con la visión de profesionales reales del networking y de liderazgo: LinkedIn es pura innovación y a través de los capítulos de este libro quedareis convencidos del Valor Real de la herramienta del futuro, de la que un servidor no le ve límite alguno.

Pablo Moratinos, Abdijan, Costa de Marfil, 21 de Diciembre de 2012

CAPÌTULO 1

Por Jorge Zuazola

http://de.linkedin.com/in/jorgezuazolaleadership

Jorge Zuazola

Multilingual CEO.Sought-after leadership guru. Author of LinkedIn 500 million: Networked in or out ?

Frankfurt Am Main Area, Germany | Internet

Current   German Leadership, Primary Insight, LLC, SolomonEdwardsGroup

Previous   Cooper-Standard Automotive, Head, META Group

Education   Robert Kiyosaki school

Send a message ▼

500+
connections

English ▼ | in de.linkedin.com/in/jorgezuazolaleadership   ﹏ Contact Info

Jorge Zuazola es el fundador de www.spanishleadership.com que él mismo define como una **triple I** en inglés (Internet Ideas Incubator o sea una Incubadora de Ideas por Internet). Español de 46 años, es doble licenciado en Ciencias Económicas y Empresariales por La Comercial de Deusto en Bilbao, Master en Business Administration por el City Business College de Londres y afiliado al Instituto de Auditoría Interna en Londres. Tras licenciarse en Deusto Jorge tuvo el privilegio de ser de los pocos españoles que se beneficiaron de la beca COMETT de la CEE (hoy en día UE) y en 1990 trabajó 6 meses en la British Steel, la única siderurgia europea entonces privatizada por obra del liberalismo de Margaret Thatcher. Tras trabajar tanto en Londres como en Montreal regresó a Bilbao en Octubre de 1990 entrando a formar parte de KPMG pero su filosofía pro-anglosajona le llevó de regreso a Londres en Abril 1992 para comenzar su MBA en la City de Londres. Tras completarlo en Agosto 1993 empezó a trabajar en Iberia Londres pero rápidamente su pedigrí en el mercado londinense le llevó a ser buscado para Thorn EMI en los European Headquarters en Fráncfort. Debido a la separación de Thorn y EMI, dichos headquarters se cerraron por lo que Jorge entró a trabajar en Septiembre 1995 en la sede central de Adidas en Alemania reportando al Vicepresidente de Auditoría Interna como parte de la estructura necesaria para sacar la empresa a bolsa. La salida a bolsa guiada por el Chief Financial Officer, de Adidas, un MBA de Wharton, llamado Pierre Galbois, a quien Jorge considera su mentor, marcó un hito en Europa por ser la primera en hacerse de acuerdo a las normas IFRS resultando en una cuatruplicación del precio de salida de la acción en bolsa en 12 meses. Allí tuvo el privilegio de ver como en España surgía en 1996 un auténtico líder y gestor llamado Benjamín Clarí (del que Jorge se confesa entusiasta admirador) porque desde que le conoció nunca tuvo ninguna duda de que Benjamín lograría grandes cosas en el mundo de la gestión deportiva. Lo logrado por Benjamín Clarí de 1996 a 2005 confirmó la percepción de Jorge. Por eso Benjamín es el embajador de Spanish Leadership.

Tras su paso por Adidas, Jorge se mudó a Londres donde fue Gerente de Auditoría y Control de Fortune Brands, un gran holding americano que tiene intereses en el deporte como las marcas de Golf Titleist, Footjoy y Cobra. Posteriormente fue Vicepresidente de Auditoria de la empresa HEAD el fabricante de productos de esquí, raquetas y pelotas de tenis. Entre ambas empresas también tuvo su experiencia en Estados Unidos como Director de Auditoría Interna de la empresa consultora META Group, un consulting de tecnología que cotizaba en Nasdaq en Nueva York y que actualmente es parte de Gartner. Allí se familiarizó con el concepto de Retained Advisory Services (RAS) (que en español se traduciría como Servicios de Asesoramiento Exclusivo) a clientes como American Express, Bank of America u otro tipo de instituciones globales. Jorge reside actualmente en Fráncfort, Alemania en función de su último rol como Controller Financiero para Europa en un proveedor americano de General Motors. Sin embargo debido a la bancarrota de esta empresa los proyecto de Jorge son actualmente de consultoría. Ya estando en dicha empresa un linkedineador norteamericano le ofreció formar parte de la Society of Industry Leaders de Nueva York en la empresa Vista Research que era parte de Standard & Poors y que ahora es parte de Guide Point Global. También vía linkedin opera como European Financial Contractor de Adams Harris una pequeña firma de Atlanta, y de Solomon Edwards, una firma de gran tamaño en EE.UU, donde se especializa en US GAAP, Sarbanes-Oxley y gestión de riesgos, asi como consultor de Primary Insight LLC un leading provider de network serevices. A nivel de Leadership como fundador de Spanish Leadership ofrece RAS a deportistas, empresas y entidades deportivas y también como uno de los expertos de LinkedIn en Alemania (como se puede ver en su perfil público http://de.linkedin.com/in/jorgezuazolaleadership que sale el primero en búsquedas en Google) asesora a empresas para desarrollar sus redes de negocio hasta llegar a fundar German Leadership. Sin embargo de lo más orgulloso que está Jorge es de sus mas de 16 años de entrenamiento de sistema de network marketing a través de empresas como Pronet, Internet Services y ahora Network 21 lo cual le ha permitido ser uno de los estudiantes más fieles del mundo de la escuela financiera de Robert Kiyosaki.

A nivel futbolístico Jorge está orgulloso de decir que es solo hincha del EFC (España Fútbol Club). Para él no existe más color que el rojo y amarillo. Jorge entiende que cuanto más progresen los equipos españoles en Champions (llámense Liverpool, Arsenal, Chelsea o Sevilla, Málaga y Valencia y no solo Madrid o Barcelona) mayores serán las opciones de que Vicente Del Bosque tenga un equipo altamente experimentado. Una de sus mayores satisfacciones futbolísticas tras volver del Alemania-España de Viena fue el leer la unanimidad de la prensa alemana destacando que los 11 titulares españoles eran experimentados jugadores de la Champions League lo cual fue la clave del éxito de España. Por el contrario del once titular alemán solo había 4 titulares genuinos en Champions: Lahm Schweinsteiger Ballack y Klose puesto que ni Lehmann ni Podolski ni Metzelder eran titulares en sus respectivos equipos y el resto no eran jugadores regulares de Champions. Su idea de fundar Spanish Leadership.com surge de una serie de conversaciones y encuentros incidentales con Iker Casillas, Xavi Hernández, Carles Puyol y Andrés Iniesta en Bruselas en Octubre 2008 durante la disputa del Bélgica-España de fase clasificatoria para el Mundial 2010.

1. Iniciativa y concepto de liderazgo según Spanish Leadership

1.1. Octubre 2008: La idea surge en un viaje Fráncfort-Bruselas-Fráncfort

En Octubre 2008 aproveché las vacaciones alemanas otoñales de las Herbstsferien parar irme a Bruselas a ver el Bélgica-España de calificación para el Mundial 2010. Mi objetivo era doble. Por un lado verificar in situ que lo que había vivido en el Ernst Happel de Viena el 29 Junio 2008 no era flor de un día y por otro lado pasearme con orgullo con mi bandera española por la capital de Europa Bruselas como campeón de Europa.

Estando en el hotel de la selección española para recoger mi entrada, de manos de las grandes profesionales que son Silvia Dorschnevora y Paloma Antoranz de la Real Federación Española de Fútbol, tuve que hacer mi tiempo de espera como todo el mundo. En este tiempo de espera me hice esta foto con los vascos españoles del equipo, Xabi Alonso y Andoni Iraola así como con Miguel Gutiérrez, fisioterapeuta de la selección que en Octubre 1984 me trató en la consulta del doctor Carlos Ruiz (ex delantero centro del Athletic de Bilbao y el Espanyol de Barcelona) de una recuperación de rodilla tras una operación de menisco que me llevó a dejar el fútbol por la Universidad pues no me operé del ligamento cruzado que tengo roto.

Iker Casillas se encontraba en un salón charlando con algún asesor. Tras acabar la charla nos saluda a un grupo de aficionados y dice en alto "Me voy a ver una película" Le digo ¿Tienes Internet para ver? Me contesta que sí. Y le digo ¿Te has visto ese video que hay colgado por ahí en el que salen los de tu pueblo de Móstoles con la camiseta de Móstoles a Viena?. Me dice Iker "No ¿Cuál es?. Le di el título que había visto colgado en Internet y me dijo lo veo (Iker es de Móstoles).

España ganó aquel día en Bruselas, cuando Don Andrés Iniesta nos deleitó con aquel golazo. Lo que no sospechaba yo es que al día siguiente me iba a topar con él en persona. Yo salía en un vuelo a Fráncfort sobre las 10.30 porque estaba de vacaciones. Y por lo visto Xavi Hernández, Carles Puyol y Andrés Iniesta ya estaban en la onda de maravilla de Pep Guardiola porque habían hecho noche en Bruselas para descansar y tomar el primer vuelo a Barcelona para llegar al entrenamiento del Barca.

Según paso el control de seguridad y metales en una de las multitudinarias colas del mal organizado aeropuerto de Zaventum de Bruselas miro a mí cola de la izquierda y veo un pitufo con pelo picho "engominadín" que resalta por no ser hombre de negocios. Me digo (no puede ser Xavi). El tipo andaba inclinado y con un montón de gente de corbata solo lo cual daba el cante. Volví a mirar tras dar unos pasos y cuando yo ya había recogido mi equipaje de mano, vi que era Xavi. Me di cuenta de que como habían estado 10 días en Estonia y Bélgica su maletón de equipaje de mano no era aceptado por seguridad. Así que salté a echarle un cable con el inglés porque le quitaban todo tipo de cremas que llevaba. Le dije a seguridad del aeropuerto quién era y que le tratasen bien.

Mientras esperaba a Xavi vuelvo hacia atrás a la cola donde yo había pasado y veo uno que en español tiene melenas. Le veo de perfil y que hace un gesto de enfado con tanto coñazo de control. Y es Puyol, cuando voy a acercarme a él casi empujo con mi tamaño a otro diminuto que va de traje sin corbata y que es Andrés Iniesta.

Le digo a Andrés, "primero enhorabuena por tu golazo y segundo gracias". Y me contesta como un caballero que está tímido hablando conmigo: "Muchas gracias". Me deja perplejo y mientras esperamos a Xavi los 3, nos hacemos dos fotos por separado con cada jugador. La seguridad se pone a gritar en inglés y se me echan encima. Pero yo solo me acelero cuando hablo español. En inglés no acepto lecciones. Me querían confiscar la cámara. Le dije a la tipa que saliese su manager o llamaba a la policía. Vino la manager. Le enseñé que tenía fotos en el estadio y con los jugadores en el hotel y que no iba a entregar mi cámara. Me pidió que borrase las fotos en esa zona de seguridad del aeropuerto delante de ella. Lo hice. Le mostré liderazgo y aceptó. Me dejó ir y Xavi ya venía hacía nosotros para subir las escaleras mecánicas.

Le digo a Xavi, "es que son muy estrictos". Me dice "joe macho aquí te miran todo hasta tu ropa interior". Le digo: "Hasta la cámara casi me quitan. Ahora nos hacemos una foto en la zona de arriba". Y le digo: "No he venido desde Fráncfort para estar avergonzado de vosotros sino orgulloso, voy a crear una empresa de liderazgo por Internet". Y Xavi me dió la primera lección de liderazgo, me miró a los ojos y me dijo ¿Sí? Y yo le expliqué que algo quería hacer. Que tras haber estado con 12.000 españoles (aquello parecía el Ernst Happel de Viena) venidos de Bélgica, Holanda, Francia, Alemania y hasta un autobús de Edimburgo, algo había que hacer por la gente. "¿No viste la pancarta de Gracias Campeones?" le dije. "Si si", me responde el tipo anonadado. Aquí las 2 fotos que me inspiraron: la foto con el trío estelar del Barca y la pancarta que alguien llevó al estadio.

El que nos hace la foto fue un belga que luego salió corriendo detrás de Puyol. No les había reconocido inicialmente pero luego le dijo Puyoooooollllll. Y era ejecutivo de empresa.

Después me fui a una sala de Frequent Flyer de Lufthansa y ví que el video que le había dicho a Iker había tenido visitas el día anterior. Hice un query en Internet y me dió BÈLGICA como último país donde se había visto el video más de 20 veces. Me di cuenta que los jugadores habían visto el video por orden de su capitán y líder.

Cuando escribí mi primer libro (LInkedIN 100 millones) quedaban aún más de 2 meses para el comienzo del Mundial. Ese libro no versaba sobre el Mundial sino sobre Liderazgo por tanto su publicación es independiente de tal evento. De hecho Ángel María Villar demostró su enésima dote de liderazgo confirmando a Vicente Del Bosque pasase lo que pasase. Así se hacen las cosas en los países serios dije en Abril 2010 en LinkedIn 100 millones. Y mira si acerté: Campeones del Mundo con gol de Iniesta. No obstante te dejo con un logo que es un montaje de Photoshop para que te reflejes en nuestros deportistas. Son unos líderes españoles. Emilio Sánchez Vicario me dijo que Feliciano López está encantado con Spanish Leadership pues les inspiró en la consecución de la cuarta Copa Davis en 2009. Como verás en la sección 1.2 todo es consistente.

1.2. La definición de liderazgo es sólo una simple frase.

En una frase: Liderazgo es tratar con gente desde el principio hasta el final

La mayoría de la gente en España equivocadamente diría que liderazgo es visión, coraje, credibilidad, determinación o incluso militarismo o política. En Spanish Leadership creemos sinceramente que liderazgo es, primero y sobre todo, tratar con la gente. Se trata de que los líderes sean capaces de liberar a la gente para que estos hagan lo que necesitan hacer en la forma más productiva y beneficiosa para ellos y para todos. Tú no te puedes llamar líder y no tener seguidores.

Los logros y enhorabuenas más grandes de un líder son sus seguidores y sus seguidores reflejarán el valor positivo y las misiones de un líder. Lógicamente lo opuesto es también verdad: Liderazgo defectuoso – por ejemplo la falta de integridad, que, tristemente, a menudo asociamos con los políticos de la España de hoy- se reproducirá por sí mismo en sus seguidores más defectuosos aún.

Esta es la razón por la que el logo de Spanish Leadership es en inglés, TEAM porque TEAM equivale a:

Together
Everybody
Achieves
More.

Si bien el logo oficial de Spanish Leadership está en portada, el logo antes mencionado en sección 1.1 solo saca a nuestros deportistas. Estamos orgullosos de ellos. Spanish Leadership es un triple iii (Internet Ideas Incubator o Incubadora de Ideas en Internet) en inglés. Tiene que ser en inglés porque tristemente la mayoría de los hombres mujeres de nuestro país piensan que ser fluidos en inglés no es un deber. Equivocadamente piensan que alguien vendrá y les pondrá un alfombra roja para ser fluidos en un inglés de buen nivel. Todos los que están asociados a Spanish Leadership son nativos españoles. Sin embargo como TEAM combinamos más de un siglo de experiencia internacional en Europa, Estados Unidos, Asia Pacifico, África y Sudamérica. Somos todos seriamente fluidos en inglés.

El Liderazgo es simplemente realizar acciones y motivar a los otros a hacer lo mismo. Contrariamente a la creencia generalizada en España, el liderazgo no es solamente tener una posición de trabajo para chorrear del mismo (y aclaro que la palabra chorreo la aprendí muchos años después de haber aprendido en inglés la palabra Spout y fue debido a un breve presidente del Real Madrid). La mayoría de la gente que está España no entiende (o no quiere entender) que las posiciones y los títulos de trabajo van y vienen. Las acciones y las relaciones son las marcas del verdadero liderazgo, y son las marcas que duran para siempre.

Sin la gente nunca puede haber liderazgo. La gente es el corazón, alma y espíritu de cualquier organización. Sin gente no hay necesidad de líderes. Los líderes son por tanto responsables de ver a su gente utilizar sus activos y cualidades. Son los que son responsables de la próxima generación de liderazgo. Tienen que concentrarse en lo que la gente se puede convertir no en lo que son en el momento presente. La función del liderazgo es producir más líderes, no más seguidores.

El éxito es una decisión. Tú puedes convertirte en el líder de los lideres si te adhieres al principio de que el crecimiento y el desarrollo de la gente es la cualidad más alta de liderazgo. Queremos españoles nativos, fluidos en inglés, que surjan como líderes en la arena mundial. En el campo de los negocios, deporte, investigación, innovación, caridad, y emprendedores entre otros muchos campos.

Tú decides si nos quieres seguir y ser un verdadero Spanish Leader.

1.3. El ser excelente es la antítesis del cainita y del mediocre

Dentro de mi amplísima bibliografía en la web de Spanish Leadership (mayormente en inglés salvo algunas excepciones en español) verás una referencia al libro El Ser Excelente del catedrático mexicano Miguel Ángel Cornejo. Es un libro que leí hace muchos años y que me he leído 2 veces. El Profesor Cornejo es un prestigiado conferenciante que ha convocado a miles de personas en conferencias en todo el mundo (España incluida) para escuchar sus conceptos de la Excelencia del ser humano.

Probando que creer en supersticiones es de un ser mediocre (y utilizarlas a toro pasado de cainita) el libro de Cornejo te da los 13 retos de la excelencia. No voy a parafrasear a Cornejo porque te reto a que compres su libro y como español vuelvas a nacer mentalmente aprendiendo de un mexicano. Pero si te digo que en jerga española (me refiero de España en Europa donde se habla un castellano mucho peor que en muchos países de la América Latina, y se discute a todas horas con malos modos), Cornejo viene a decir que el Ser Excelente es:

1. El que hace las cosas y no busca excusas para no hacerlas
2. El que produce oportunidades para alcanzar el éxito
3. El que con una férrea disciplina forja un carácter de triunfador
4. El que se traza un plan y logra los objetivos sin importar circunstancias
5. El que dice en alto que se equivocó y propone no cometer el mismo error
6. El que se levanta con superación cada vez que se cae con un fracaso
7. El que desarrolla plenamente sus potencialidades
8. El que alcanza la realización trabajando diariamente (fines de semana incluidos)
9. El que crea algo: sea empresa, sistema, vida u otras cosas
10. El que es responsable de sus propias acciones libres
11. El que actúa contra la pobreza, la calumnia y la injusticia
12. El que eleva su espíritu y sueña con lograr lo que parece imposible
13. El que trasciende a nuestro tiempo legando a las futuras generaciones un mundo mejor

A sensu contrario Cornejo también hace un comentario sobre aquellos que se transforman los viernes para vivir plenamente el sábado y el domingo por la noche empiezan a morirse nuevamente, y el lunes van como zombis a la oficina arrastrando la cabeza deseando que vuelva a ser viernes por la tarde para reiniciar su transformación.

Para mí ese es el ser español cainita y mediocre hoy en día. Como verás en sucesivos capítulos tras comprar el dominio spanishleadership.com fundé un grupo del mismo nombre en la red de profesionales www.linkedin.com. Ahí tengo buenos amigos y asociados. Pero desgraciadamente abundan los quejicas, llorones y cainitas. Recibo desde finales del 2008 docenas de E-Mails (cuando no llamadas) diciendo "Jorge colócame, búscame algo fuera de España o en España". Esto me hace pensar que un ingeniero maño en Madrid que habla inglés, español y alemán mejor que yo tiene razón cuando habla de los paralelismos entre España y la India por el sistema de castas. No te ofendas. Es verdad esta observación. En EE.UU, Reino Unido, Alemania u Holanda lo de las castas no se tolera. En España ser hijo de es todavía un factor. Nunca saldremos adelante como país por esto (entre otras muchas cosas). Y digo salir adelante para ser el primer país de la tierra.

Fue esa actitud de unos cuantos no excelentes la que me ha llevado a escribir libros. Spanish Leadership no estaba ligado al Mundial 2010. Ya teníamos líderes consagrados como Pau Gasol, Rafa Nadal, Feliciano López, Emilio Sánchez Vicario, Lolo Sainz (te recomiendo su web aprendedeldeporte.com), Alberto Contador, Fernando Alonso, Iker Casillas, Fernando Torres, Xavi Hernández, Carles Puyol, Dani Güiza, Pepe Reina, Andrés Iniesta, Marcos Senna (lo cito como mejor jugador español en la Eurocopa para mi gusto y por ser el fundador de una fundación con su nombre contra el hambre y la pobreza, lo cual evidencia la excelencia a la que se refiere Miguel Angel Cornejo) y tantos otros.

Si sigues quejándote, lloriqueando nunca llegarás a la excelencia de liderazgo.

Jorge Zuazola, Fráncfort, Alemania, 21 de Diciembre 2012

CAPÌTULO 2

Por Jorge Zuazola

http://de.linkedin.com/in/jorgezuazolaleadership

2. Prueba evidente de que LinkedIn funciona

2.1 Crecimiento espectacularen plena recesión mundial

Abajo se encuentran una serie de informaciones de Internet lo largo del período de 1 año y pico que confirman que LinkedIn sencillamente tiene un crecimiento espectacular. Veáse que estas informaciones empiezan en Octubre 2008. Hoy tras haber hecho el research me acuerdo de un proceso de liderazgo que dice que las casualidades no existen. No es casual que en Octubre 2008 tuviese la idea de Spanish Leadership, que fundase un grupo en LinkediN, que tengamos una web y que la research empiece con esa fecha.

A diferencia de Facebook o Twitter, LinkedIn es un sitio de la red profesional. Por tanto, es un sitio serio porque incluye a todas las empresas líderes americanas del Fortune 500 más todas las europeas empezando por alemanas como SAP, Adidas o Daimler-Benz Mercedes. La media de edad de LinkedIn es un usuario de 41 años ejecutivo de ahí la seriedad de la misma. Te animo desde ya a que pruebes tu excelencia en LinkedIn como Spanish Leader. Te desdigo desde ya si vas a empezar con mentiras, recomendaciones fabricadas fuera de la empresa en la que trabajaste o cualquier otro artilugio muy paleto.

2.1.1 Octubre 2008: El crecimiento durante la recesión de LinkedIn es más rápido que otros sitios profesionales

Gigom lo predijo. Parece que 2008 es el año de LinkedIn, que es, sin ninguna sorpresa, una de la pocas compañías que han experimentado un crecimiento significativo desde que se aceleró la recesión en Septiembre. Lo que resulta sorprendente es que el tráfico de esta red profesional ha crecido de forma exponencial más que otros sitios en ese período (fíjese el lector que ya estamos en 2012 y ese crecimiento exponencial expertos españoles como Juanma Roca, autor del recomendable libro Revolución LinkedIn me decían ya en Abril 2010 que era un crecimiento a la enésima potencia cuando LinkedIn pasó la barrera de 65 millones ese mes)

Linkedin ha obtenido un crecimiento del 25% por ciento de sus miembros desde Septiembre. Ha habido un incremento del 15% de las invitaciones LinkedIn en los últimos 2 meses y un incremento del 14% en el número de recomendaciones de los miembros. LinkedIn tiene 30 millones de usuarios a nivel en este momento añade 1 millón de usuarios cada 2 semanas.

Los miembros de Linkedin seguramente responderán de forma positiva a la introducción de aplicaciones al sitio. Amazon Reading List, Box.net Files, Six Apart's Blog Link, Slideshare Presentations, Trip It's My Travel, Google Presentation, and Huddle Workspaces han sido añadidas este mes

2.1.2 Febrero 2009: Según empeora la economía, la popularidad de LinkedIn aumenta

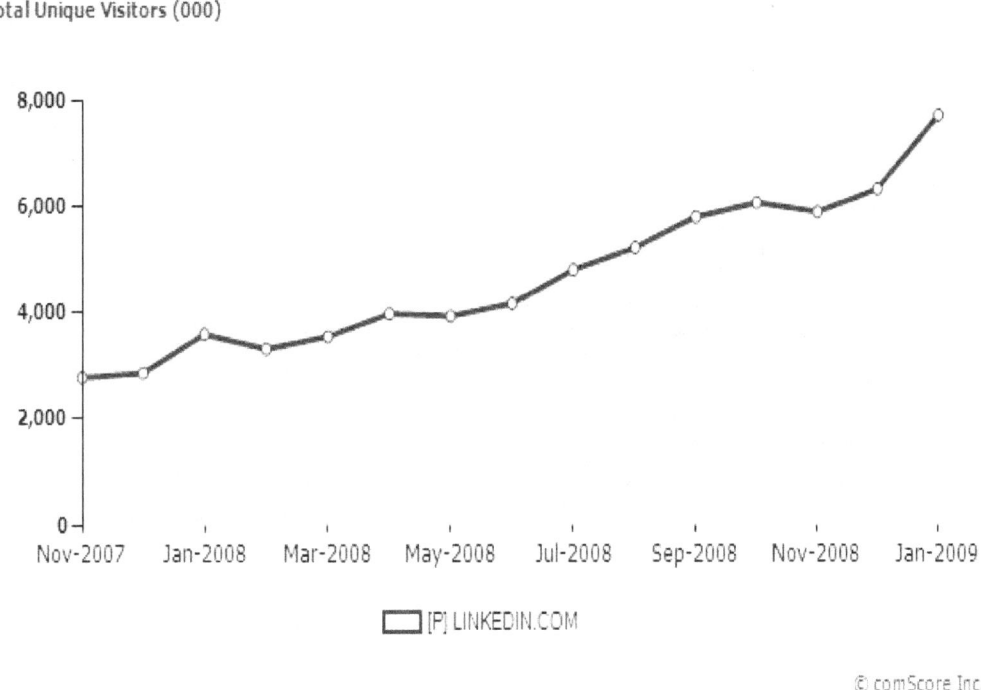

Total Unique Visitors (000)

© comScore Inc.

Como los despidos continuaban golpeando a la economía americana y mundial en Enero 2009, unos de los beneficiarios fue la red profesional LinkedIn (fíjese el lector que esto es en Enero 2009 y ahora entraremos en Enero 2013 con 200 millones de profesionales). Según los datos de comScore, el número de visitantes únicos en los EEUU a LinkedIn se disparó un 22% a 7,7 millones, con una subida de los 6,3 millones de Diciembre. El número del total de minutos permanecidos en el sitio *se dobló* en Enero a 96,8 millones, desde los 47,6 millones de Diciembre (fíjese el lector que esto es crucial para entender que una cosa es tener una cuenta LinkedIN y otra cosa es estar LinkedIn)

En parte, el impulso de esta actividad es gente buscando trabajo y ayudar a los amigos sin trabajo. Las recomendaciones han subido un 65% desde Diciembre, según el portavoz Kay Luo. La búsqueda mejorada de personas, que introdujo al final de Noviembre, también genera mucha actividad en el sitio. La compañía está viendo un incremento de la actividad del 50% en la nueva plataforma.

Cuando los tiempos son duros, networking es una habilidad de supervivencia.

2.1.3 Febrero 2009: LinkedIn continúa su expansión europea con su presentación en Alemania

LinkedIn continúa saltándose la tendencia de los negocios durante la recesión de reducir su tamaño al expandir, con el lanzamiento de un sitio dedicado para Alemania. Este servicio serán malas noticias para <u>Xing</u>, la red líder de negocios y social en Alemania y gran parte de

Europa pero LinkedIn, dirigida por el director gerente para la UE **Kevin Eyres** en Londres, está entrando de forma agresiva en el continente.

Los sitios para **España** y Francia han visto un crecimiento significativo después de su lanzamiento el año pasado: España añadió 200,000 usuarios en dos meses y Francia superó los 700,000, y LinkedIn tiene como objetivo incrementar la base de usuarios de 500,000 en Alemania. De ellos, el 80% se conectan desde fuera de Alemania usando el Inglés, pero Eyres dijo que la introducción de un servicio con enfoque local generará más actividad interna.

"Los miembros en Alemania usan sus perfiles para negocios internacionales", dijo, "es un grupo muy auto-selectivo".

"El 2009 estará mucho más enfocado a la competencia internacional y estaremos atentos a lanzar más sitios locales en otros grandes mercados. La expansión en vital para lo que estamos haciendo por muchas razones, pero principalmente por la naturaleza global de la economía".

Este es el cuarto sitio enfocado a un país, que es distinto de una traducción del idioma, de los cuales ya hay 41. Los perfiles de usuario sigue apareciendo en el idioma en que fueron escritos al principio, pero la apariencia del sitio se realiza en aquel idioma que el usuario elija por defecto.

LinkedIn puede presumir de tener muchos miembros de alto nivel, incluyendo a **Bill Gates** y **Richard Branson**, pero el ganador es el perfil perfecto de **Barack Obama**. No es que esté buscando trabajo....pero su perfil como Presidente es aún mejor

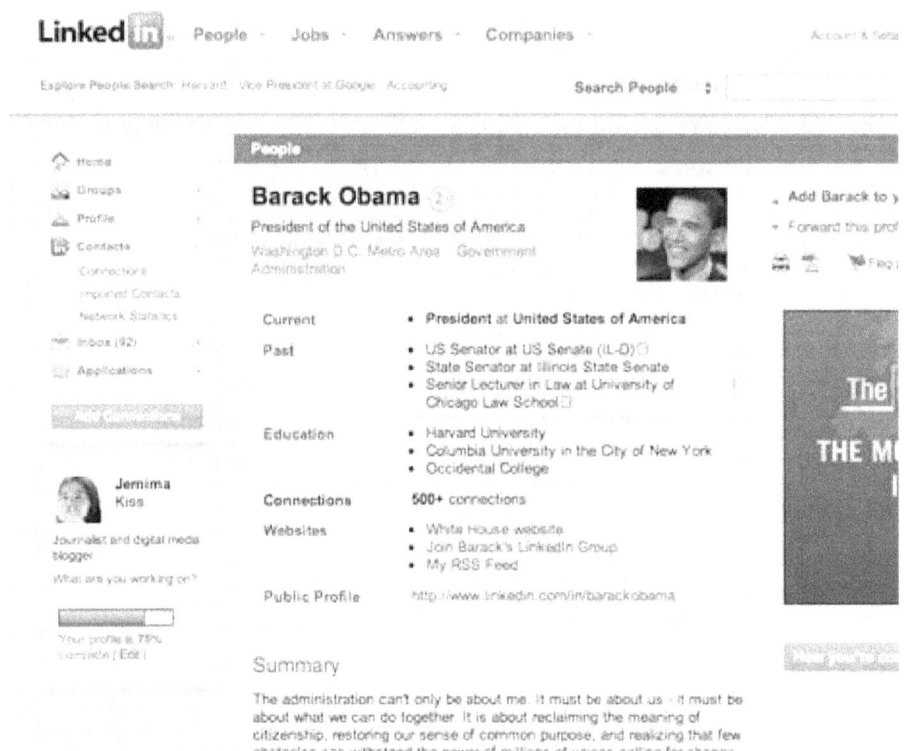

Perfil de Barack Obama's en el sitio profesional de networking LinkedIn.com

Como puedes ver uno de los diarios lideres británicos (http://www.guardian.co.uk/media/pda/2009/feb/04/socialnetworking-web20) no dudó en:

a) copiar y publicar un perfil interno de LinkedIN
b) hacerlo en el momento del lanzamiento de la versión alemana de LinkedIN

Luego es completamente lógico que al estar LinkedIn en todos los idiomas sea la herramienta. Es irrelevante que otras empresas fuesen más grandes antes. Como tú puedes poner tu perfil profesional en tantos idiomas como los que tú quieres (yo lo puedo hacer en inglés, alemán, español e italiano) obviamente cualquier herramienta global es la que lidera y prevalece en una economía global de mercado.

¿Por tanto porque te estás quejando todos los días?

Un principio de liderazgo es que el éxito consiste en no reinventar el volante. Haz tu perfil en español, en inglés, en alemán en francés y amplía tu red profesional.

A mí la entrada de LinkedIn en Alemania y la actitud de Xing me recuerda cierto paralelismo a la de Adidas cuando Nike entró en Europa. Estando en Sao Paulo, Brasil, en 1995, justo cuando íbamos a sacar la empresa a bolsa, casi se me cae la cara de vergüenza de ver un póster de Adidas, de un equipo de Rugby, bajándose los pantalones y diciendo "Adidas welcomes Nike to Europe". Hoy mira quién es el líder mundial. Y mira también que una empresa china de nombre Li Ning, fundada por un ex – deportista olímpico chino, ha sobrepasado a Adidas en el mercado chino. Cuando yo estuve allí el outsourcing de Asia y la oficina de Hong-Kohn fue la gallina de los huevos de oro de esta empresa alemana. Hoy le ganan los chinos. Liderazgo es la clave: saber tratar con la gente.

2.1.4 Noviembre 2009: La recesión impulsa el número de miembros de LinkedIn en el Reino Unido a superar los 3 millones

Como prueba del viejo dicho el río revuelto y el beneficio de los pescadores, el sitio de networking profesional ha revelado que el número de miembros en el Reino Unido ha llegado a los 3 millones, ya que los despidos y las reducidas posibilidades de nuevas oportunidades de negocios dirigen a las personas al sitio.

Este indicador sigue a las noticias previas en el año de que el número de miembros a nivel global del sitio, cuyo enfoque es enlazar a las personas en base a sus conexiones de negocios, había superado los 50 millones.

La compañía no divulgó ningún detalle de cuantas persona se han abonado al servicio premio.

Mientras el pánico sobre la seguridad del puesto de trabajo puede ser uno de los factores que impulsan el crecimiento de LinkedIn en 2009, el Director Gerente europeo del sitio, Kevin Eyres, le da a este éxito una perspectiva más positiva.

Eyres escribió en el blog de LinkedIn: "No se debe a la gama de funciones que ofrecemos, la velocidad al que innovamos o el número de idiomas en que está disponible. Se debe a sus miembros y la mezcla de conocimiento, experiencia, sabiduría y la actitud positiva y colaborativa que aportan".

No importa la situación del mercado laboral en 2010, el sitio parece estar destinado a un crecimiento continuado al haber firmado acuerdos de colaboración con Microsoft y Twitter recientemente.

El acuerdo con Twitter significa que miembros de ambos sitios pueden tener sus actualizaciones de Twitter aparecer en sus perfiles de LinkedIn.

Microsoft tiene planeado integrar Twitter en su próxima versión de su programa de correo electrónico Microsoft Outlook 2010. Cierto es que esto ya se hizo en 2010 pero a día de hoy (Diciembre 2012) sigo teniendo reservas en cuanto al hecho de que el usuario no puede manejar un producto beta de la noche a la mañana.

2.1.5 Febrero 2010: Linkedin rompe la barrera de los 60 millones de usuarios

LinkedIn supera los 60 millones de usuarios: 5 millones más tan solo en los últimos 2 meses. LinkedIn anunció en su cuenta oficial de Twitter que la compañía acaba de registrar al usuario número 60 millones, un usuario de Groningen en los Países Bajos.

La red social, enfocada sobre tu vida profesional en lugar de tu vida personal, ha incrementado últimamente su velocidad de crecimiento, añadiendo más de 5 millones de personas en menos de 2 meses. En diciembre, el sitio anunció que ya tenía 55 millones de miembros, la mitad de los cuales están fuera de los EEUU.

Para gestionar este crecimiento, la compañía ha reclutado de forma agresiva, abriendo nuevas oficinas en los Países Bajos y en la India. En Noviembre, el sitio presentó un nuevo diseño, y en diciembre actualizó su aplicación para iPhone , con la esperanza de aumentar el número de personas accediendo al sitio a través de sus dispositivos móviles. Y ahora ya hay también aplicación para Blackberry.

2.1.6 Mazo 2010: Usuarios alemanes llegan al primer millón en LinkedIN.

En Marzo 2010 ya supimos que LinkedIn ya tiene el millón de usuarios alemanes. Cuando yo abrí cuenta en inglés en la zona de Francfort eramos cuatro y el tambor. Yo no veo limite al poder de LinkedIN como gigante del network online. Sin embargo, muchos usuarios alemanes aún lo discutirían porque están en otra web en alemán. Esto ocurre porque no entienden el poder de duplicación.

Si les preguntas que es mejor ¿Aceptar un millón de Euros a 1 de Abril o 1 céntimo duplicándose solo por 30 días hasta el 30 de Abril? se quedarían con el millón.

Si haces los cálculos tú mismo encontrarás la respuesta. Introduce tú mismo 0.01 céntimo duplicándose cada día y verás cuánto dinero perderías el 30 de Abril porque ignoraste la duplicación. Este dato viene de un profesional residente en Frankfurt que me dijo: "No me des dos opciones, dime cuánto dinero perdería al llegar al 30 de Abril."

Estoy seguro que no hay ningún mediocre que me hubiese dado esa respuesta.

2.1.7 Abril 2010: Sin leer nada en Internet, veo que Linkedin pasa 65 millones de usuarios

A finales de Marzo 2010, tomé una muestra de cuantos CEO alemanes tenía en un radio de 100 millas de mi zona de residencia cerca de Fráncfort. Y me salieron 2911 CEOs. De ahí estratifique a 10 millas (15 kilómetros) para empezar a contactarlos y me salieron 220 CEOs. Para la primera semana de Abril ya me salían 252 CEOs como "current job" (o sea ocupación actual). Bueno pues sí haces las matemáticas 252/ 220 salen un incremento 14.54%. Es decir un 15% en unas semanas. No veo límite a LInkedIn y por tanto no acepto que tú español no seas un ser excelente. Porque puedes serlo.

Si no me crees entonces cree a Kevin Eyres, CEO Europa de LinkedIn en aquellos tiempos. Mientras toda España estaba leyendo la prensa deportiva un 11 Abril 2010 para leer lo que todos hemos visto el día anterior (el clásico Madrid-Barcelona) otros nos enteramos vía nuestra red de la entrevista de Kevin en La Vanguardia de Barcelona. Kevin da unos datos, que como verás en sucesivos capítulos, no me sorprenden porque ya lo hemos visto en Webinars de centro Europa. En resumidas cuentas esto decía Kevin:

- LinkedIn crece con un nuevo usuario al segundo;
- LinkedIn crece con 1 millón de usuarios nuevos cada 10-12 días;
- LinkedIn tiene un potencial de casi 500 millones de personas

Y si tú crees, querido lector, que me estoy apoyando en una entrevista a Kevin en España déjame decirte que te equivocas. Como me equivoqué yo en su momento. Y cómo me sigo equivocando. Cuando antes me refería a los 2911 CEOs no es que haya sido un experto. Porque tardé 4 semanas en darme cuenta que además de los 2911 tengo 14.252 propietarios y fundadores de empresas en el mismo radio de 100 millas. Y porque hoy en día son más de 2 nuevos usuarios por segundo en LinkedIn.

Pero ¿sabes que pienso al ver que debería haber empezado con propietario y fundadores de empresas? Qué es muy bueno que me equivocase. En frase de Sochiro Honda, El éxito es 99% fracaso. Y en anuncio de la corporación Nike, Michael Jordan, explica que ha fallado un sinfín de canastas, tiros libres, pases etc…para acabar diciendo "Fallé, y continuo haciéndolo, por eso es por lo que tengo éxito".

2.3. Jan Vermeiren lo confirma: Linkedin es networking

Si antes me he referido a los cainitas y a los mediocres no pretendía ofenderte. He aprendido de un funcionario malagueño madridista esta frase "Los españoles son vagos de por sí. Y yo que no soy ni madridista ni culé (tan solo del España Futbol Club) te digo que tiene razón. Mira mi propia vagancia en este capítulo número 3.

2.3.1 Septiembre 2009: Un correo de un coach de networking que ignoré durante 4 meses

Aún no me lo explico pero en 2009 debí conectar en LinkedIn (ni siquiera me acuerdo cuando) con Jan Vermeiren. Jan, dueño del grupo de LinkedIn Global Networking, me envió este correo. Lo reproduzco en inglés porque no hay problemas de copyright la versión del libro en inglés es gratis. Luego recomiendo comprárselo, suscribirse a ellos (pagando 97 Euros al año) y aplicarlo.

Networking Coach Team   show details 9/24/09
  to me
  from   Networking Coach Team
reply-to
To   Jorge Zuazola
date   Thu, Sep 24, 2009 at 10:24 PM   hide details 9/24/09
subject Light version of How to REALLY use LinkedIn

Dear Jorge,

thanks for requesting the light version of "How to REALLY use LinkedIn". You can download it at: http://www.how-to-really-use-linkedin.com/How-to-REALLY-use-linkedin-EN-light-version.pdf (2 MB so please be patient if you have a slow Internet connection)

Enjoy !

Jan
Jan Vermeiren
Founder of Networking Coach

www.networking-coach.com
- Get your light version of the book "How to REALLY use LinkedIn" at www.how-to-really-use-linkedin.com
- Get your light version of the book "Let's Connect!" at www.letsconnectbook.com
- Listen to 8 of the 30 tips of the CD Let's Connect at an event at: www.networking-coach.com/en-boek-CD.html

----
Networking Coach
Belgium

No hice nada con el libro durante 4 meses. Ya que Jan estaba en Bélgica, se lo reenvié a un headhunter Belga que me llamó en diciembre 2009 justo antes de Navidad como todos los headhunters en este momento, ella se sentía pérdida sobre como encontrar oportunidades para ejecutivos de 6 cifras como yo. Ella era nueva en su rol y había estado viajando durante unos meses. Pareces ser que la habían despedido de otro headhunter anterior. Las firmas de headhunting o están desapareciendo o se ven inmersas en procesos de fusión. Compartí con ella este correo de un reclutador interno en una conocida multinacional americana que me escribe desde Holanda en respuesta a mi nota de liderazgo (leadership note en inglés)

from
To
date   Tue, Dec 2, 2009 at 9:33 AM   hide details 12/2/09
subject RE: Leadership note /Working for

xxxx

Estimado Jorge

Desafortunadamente el Mercado esta muy duro en este momento y tenemos también una congelación de plantilla en nuestra empresa y solo reemplazamos posiciones de negocio criticas. No veo el mercado mejorando en el futuro inmediato y hablando con colegas de la industria todos esta pasando las mismas dificultades Empresas competidoras reciben 500 CV al día. Tu nota de liderazgo está bien y te aconsejo que sigas abriendo conexiones como la mía en LinkedIn porque serán beneficiosas en el futuro.

Espero que esto te ayude

Saludos cordiales,

La headhunter pensó que mi forma de networking era excelente. A cambio le pedí que hiciera algo por mí. Imprimir la versión reducida del libro de Jan Vermeiren. **Este es el nivel de vagancia que tenía. Me llevó 4 meses el pensar en leerlo. Y le tuve que pedir a una persona que lo imprimiera y me lo enviase por correo de Bélgica a Alemania. Fíjate si fui vago: tuve que pedir a alguien de otro país que me enviase mi regalo de 2010 porque en 4 meses fui incapaz de imprimirlo.**

Pero fíjate que mi vagancia no es única. La headhunter me escribió en Febrero 2010 para decirme que se había cambiado de empresa porque la anterior no colmaba sus expectativas. Que va a ser verdad. Que no hay negocio con los headhunters. Y fíjate si ella fue vaga que no se conectó, estando en Bélgica, a la webinar de Jan Vermeiren en la propia Bélgica, de 16 de Marzo 2010. Lo cual significa que para hacer "headhunting" en su propio país lo hago yo mejor, se cómo buscar todo tipo de puestos en cualquier parte del mundo. Porque como dice mi maño sabio él volvió a crecer como hombre en aquella webinar.

Si crees que exagero mira lo que sucede cuando lees libros de calidad (estoy seguro que la headhunter ni se lo ha leído y que probablemente lo imprimió para engatusarme como cliente, se lo agradezco).

2.3.2 Enero 2010: El libro de Jan Vermeiren me abre los ojos

En Enero de 2010 preparé mi lista de compromisos de Año Nuevo. Uno de ellos, obviamente, era potenciar mis habilidades de liderazgo leyendo libros de alta calidad. Me puse objetivo de 36 para este año (3 al mes)y lo logré (y ganamos el Mundial). Por eso empecé a leer el libro de 71 páginas de Jan Vermeiren.

Cuando terminé de leerlo me sentí culpable por dos razones:

a) No había conectado lo suficiente con altos Ejecutivos y reclutadores internos de compañías líderes porque no seguía todas las recomendaciones de **Jan al pie de la letra**.

b) Olvidé el hecho de que yo sabía todo sobre networking. Esta frase de Jan me abrió los ojos

" Durante los últimos años mi equipo en Networking Coach (www.networking-coach.com) ha recibido un flujo creciente de preguntas de los participantes a nuestros cursos de formación o asistentes a nuestras presentaciones sobre cuál es el valor de las redes de negocios online y como gestionarlas. Sobre todo de LinkedIn. Y en particular sobre LinkedIn. Mucha gente expresaba su resistencia y eran escépticos sobre este nueva forma de interacción, pero como muchas otras cosas en la vida era más el « **miedo a lo desconocido ».** En cuanto expliqué y les mostré como ellos también podrían beneficiarse de ello y como podrían empezar a usarlo inmediatamente, algunos se convirtieron en usuarios a fondo de LinkedIn. "

2.3.3   No existe el miedo

Estoy totalmente de acuerdo con la valoración hecha por Jan. Lo único que puedo añadir a la valoración de Jan es que el miedo (FEAR) no existe porque el miedo (FEAR) es

False = Falsa
Evidence = Evidencia
Accepted as = Aceptada como
Real = Real

Mi historia le convencerá de que el miedo no existe. Y una ve superado el factor desconocido se dará cuenta de la tremenda oportunidad que tiene delante. Lo único que debe hacer es ser un poco más listo que yo porque ignoré el valor de LinkedIn en dos ocasiones.

En 2003, siendo el director de Auditoria de una firma de consultoría tecnológica que cotizaba en Nasdaq, oí que un antiguo ejecutivo de Silicon Valley había fundado LinkedIn. Lo ignoré. Echando la vista atrás, fue un grave error. El hecho es el siguiente: si no lo hubiera ignorado ahora mismo mi red sería superior a 20,000 en lugar de5.145. Estaba trabajando con CEOs y miembros de Consejos de Administración en los EEUU, y si embargo estaba tan ocupado que no me dí cuenta de una fantástica oportunidad.

En 2005 pude dar crédito de que el ser humano es el único que tropieza dos veces sobre la misma piedra. Había vuelto a Europa y un buen amigo de Dinamarca me habló de LinkedIn. Pero no le dejé terminar la frase. Yo estaba en un puesto como VP de Auditoria (Head of es la terminología en el Reino Unido) de una firma que cotizaba en NYSE y no estaba como para escuchar acerca de un sitio web para conectarme con antiguos colegas de los EEUU. Eché las culpas a la cola del aeropuerto de Milano-Linate para cambiar de tercio.

Hacia el final de 2007, estaba realizando una búsqueda en Google sobre un tema de empresas cotizadas en bosas norteamericans. Para mi sorpresa la persona que era una experta sobre este tema era una mujer en Europa que también tenía experiencia en los EEUU. Su apellido comienza con la misma letra que el mío y era del mismo lugar de origen. Entonces cliquee su perfil en LinkedIn. Me dije a mi mismo "si esta mujer está en ese sitio, tiene que ser bueno". No lo conocía pero el hecho de que tenía la misma nacionalidad, apellido similar (Z de origen vasco) y perfil similar me convenció. Esto demuestra lo estúpido que yo era, en este caso, era tan escéptico que hasta que un nombre que me resultaba familiar apareció, no abrí una cuenta en LinkedIn.

En 2009, debido a la recesión, empecé darme cuenta del valor de LinkedIn. Dicho de otra forma, me pasé otros 2 años ignorando a LinkedIn. Espero que sea más listo que yo y arranques, titán. Te puedo decir que en 2012 todo lo que estoy viendo de iniciativas de empresa va vía LinkedIN que vende mucho más que Facebook para todo tipo de empresas.

2.3.4 Consejo sobre encontrar puestos Ejecutivos: Networking Social de Ejecutivos Online

Jason Lee que dirige JobConcierge (que ofrece búsqueda automatizada de trabajo – gente real realiza búsquedas en 300 sitios web de trabajo y realizan las aplicaciones a los puestos ofertados encargándose de forma completa de tu búsqueda de trabajo online, el sitio es conocido por los mejores trabajos para 2010) escribió en enero 2010 lo siguiente:

"Tengo una sugerencia que me gustaría compartir con todos, desde los recién licenciados a ejecutivos que ganan más de $ 100,000, es usar social media e iniciar una búsqueda proactiva de trabajo. A lo largo del año pasado la industria recursos humanos ha cambiado de forma dramática. Publicar anuncios en sitios de Internet o contratar headhunters está siendo reemplazado por buscar los perfiles de candidatos en LinkedIn y realizar online sus propias comprobaciones. Si aún no lo has hecho debes crear su cuenta en LinkedIn y Twitter y dedicar un poco de tiempo. En los tiempos competitivos que vivimos, la regla básica es crecer o te quedarás atrás.

Una forma de extender su marca personal es que se una y participe en discusiones en FaceBook y LinkedIn. LinkedIn tiene secciones de Preguntas y Respuestas y ambos sitios tienen grupos especializados. Participe en discusiones y deje su firma con su email al final de su mensaje con otra información de social media para que la gente que ha disfrutado con sus posts y los headhunters que surcan la red puedan añadirle y conectar con ti La única forma es por medio de consistencia y la sinceridad. La mejor forma de comenzar es el jobconcierge en FaceBook si aún no empezado. Mucha gente lo deja, frustrada. Pero la gente que obtiene éxito son los que dedican tiempo a esto de forma semanal o mensual.

Integrar el networking social con las aplicaciones de trabajos es la segunda fase para diferenciar sus aplicaciones a puestos de trabajo. La búsqueda en los sitios de trabajos es muy cansado, requiere mucho tiempo y es un trabajo en sí mismo. La mejor forma de empezar son los sitios de trabajo que ocupan un nicho. Si quiere el éxito y quiere maximizar las posibilidades de éxito, esto es imprescindible. Cuando realiza la búsqueda online de trabajo y empieza a ver uniones que son relevantes a su búsqueda, mentalmente empieza a clasificar los trabajos en las siguientes categorías: (1) el trabajo ideal o (2) dispuesto a trabajar ahí. El aplicar a trabajos es un juego en sí mismo, si aplica más, más son las posibilidades de conseguir una entrevista. El servicio JobConcierge realmente ayuda ya que le asignan un reclutador de RRH que realiza búsquedas manuales en más de 300 sitios para encontrar los trabajos más adecuados y realiza la aplicación. Lo que funciona es el servicio de búsqueda ejecutiva.

Hay una caja de búsqueda en LinkedIn en la esquina superior derecha donde la búsqueda se puede centrar por compañía en LinkedIn. Aplique a la primera (el trabajo ideal) categoría si ve cualquiera de los trabajos online. Conecte con los miembros que sean conexiones de 1º o 2º grado que trabajen allí. El punto común se puede hallar al unirse a grupos de interés, si no hay ninguna relación. Para averiguar más sobre la compañía recomendamos enviar mensajes y preguntarles por teléfono. Se sorprenderá de cuanta gente está dispuesta a ayudar. De cómo vaya la conversación dependerá de si puede averiguar si tienen información sobre el puesto, si tienen un contacto de RRH en esa división o lo mejor es enviar su currículum con una recomendación. Se sorprenderá del éxito de esta estrategia en dar su nombre a conocer y finamente, la entrevista y el puesto.

Piense estratégicamente y lleve las cosas un paso más adelante. En los últimos 7 días 2 miembros de Jobconcierge me han dado las gracias y me han dicho que han recibido ofertas de trabajo. ¿Cómo lo consiguieron? No es un milagro. Jobconcierge se encargó de la búsqueda de trabajo online cada semana, encontrando trabajos de acuerdo a sus perfiles. Ellos buscaron y conectaron con personas en LinkedIn para su trabajo ideal. Su Jobconcierge rellenó y aplicó para los demás puestos. La búsqueda de trabajo es un trabajo en sí. Esto quiere decir que debes utilizar tu tiempo de la forma más eficiente y maximizar tus resultados. Una persona que busca trabajo dedica una media de 50 horas al mes sin obtener resultados. Si clasifica los trabajos encontrados online, inicia una búsqueda proactiva de trabajo y conectando con varios conexiones en LinkedIn puede llevar las cosas un paso más allá. Se sorprenderá hasta donde puede llegar."

Estoy totalmente de acuerdo con la valoración de Jason. **En esta era competitiva la regla básica es crecer o te quedarás atrás. Te sorprenderás hasta dónde puedes llegar.**

La razón por la cual estoy de acuerdo con Jason es que Bill Gates ya escribió sobre ello en los 90. Una década después, Bill fue uno de los primeros en estar LinkedIn. Ahora pone en su perfil de LinkedIn "retired". Claro él ya hizo los deberes.

2.4   Bill Gates predijo el nacimiento del e-networking: un negocio de ensueño

En Business @ the Speed of Thought Bill Gates afirmó " **Las compañías inteligentes combinarán servicios de Internet y el contacto personal en programas que darán a sus clientes el beneficio de ambos tipos de interacción.**".

Por eso no sorprende ver en la prensa (me refiero al punto anterior) de que Bill Gates está en LinkedIn. Esto es porque LinkedIn es una compañía inteligente que combina servicios de Internet con el contacto personal por medio de un programa de networking.

¿Por qué crees que Bill Gates (que abandonó Harvard en 1975) tuvo éxito con Microsoft y acertó en su predicción sobre compañías inteligentes tales como LinkedIn?

Desde luego, no es que sea más listo que tú o yo. Simplemente, porque piensa de forma no-convencional. En sus días iniciales como fundador de Microsoft se acercó a IBM buscando asociarse. IBM le rechazó. He oído directamente la historia de un antiguo alto ejecutivo de IBM en los EEUU. Trabajé para esa persona en uno de los puestos antes mencionados en EE.UU y ahora este persona es el presidente del Consejo de Administración de una gran empresa líder en Silicon Valley. Su input era por tanto válido..

El hecho es que **Bill Gates piensa de forma no-convencional.** Debemos aprender de él. Cuando pensamos de forma no convencional, nos libera para ser mucho más creativos en nuestro enfoque para solucionar problemas. En lugar de aceptar **lo que es,** empezamos a pensar en **lo que puede ser.** El resultado suele ser una nueva y mejor forma de trabajar y/o vivir. La reacción entre el comercio electrónico y network marketing es un ejemplo perfecto de como pensar de forma no-convencional.

El comercio electrónico es una forma de negocios. El Network marketing es un negocio de ensueño. Si funcionan fantásticamente bien por separado, piense de forma no-convencional lo que pueden hacer juntos. Aplicando unos cálculos simples, la ecuación es como sigue:

comercio electrónico + network marketing = e-networking

Una vez más el concepto creado por Bill Gates acierta de pleno, esto es, una compañía inteligente (LinkedIn) que tiene éxito gracias al networking.

El problema que tenemos tú y yo es que estamos 14 años por detrás de Bill Gates. Déjeme que se lo demuestre. En 1999 publicó su primer libro. En esos tiempos las estadísticas ya mostraban que el e-networking era la clave porque:

- la radio tardó 38 años en llegar a 50 millones de oyentes a nivel mundial
- La televisión tardó 13 años en llegar a los 50 millones de espectadores a nivel mundial
- Internet tardó solo 4 años en llegar a los 50 millones de usuarios.

Después de 14 años, no tengo ni idea de cuantos usuarios de Internet hay en el mundo. Seguro que tú tampoco lo sabes. No importa. Jan Vermeiren escribe en su libro que tampoco sabe cuantos usuarios hay en LinkedIn. Pero tiene una pregunta de impacto " **LinkedIn: ¿Qué es y cómo me puedo beneficiar de ello?"**

Jan dice "Dado que como has comprado este libro, es casi seguro de que tienes un perfil en LinkedIn y has tenido las primeras experiencias con esta plataforma de negocios networking. O que seas un usuario habitual de LinkedIn y quieres sacarle más provecho. En cualquier caso, sería bueno tomarse un momento para ver qué es y no es LinkedIn, cual es el beneficio singular más importante de LinkedIn y como puede mejorar su tu vida y negocio también.

En el momento de escribir este informe (Diciembre 2008) **LinkedIn es la red de negocios más grade del mundo** con más de 32 millones de usuarios y creciendo rápidamente (el año pasado LinkedIn creció de 19 millones de usuarios a 32 millones, y esto depende de cuando leas este libro ya que esta cifra puede haberse duplicado o triplicado de nuevo). Hay personas de todos los sectores e industrias con una enorme variedad de cargas y lo utilizando perfiles de alto nivel (por ejemplo, ejecutivos de todas las compañías del Fortune 500 son miembros).

Aunque algunas personas creen que es una herramienta de venta, para mí LinkedIn es una plataforma de networking: sirve para crear y mantener relaciones. El resultado de crear relaciones puede ser una venta pero también un nuevo trabajo, encontrar a un nuevo empleado, proveedor, socio o conocimiento"

La pregunta que te planteo es: Si Jan Vermeiren escribió lo anterior en Diciembre de 2008 y este libro te da información actualizada de lo que está pasando en LinkedIn entre 2009 y 2012

¿Has pensado que el constante crecimiento de la red LinkedIN puede ser la llave que te ayude a conseguir tus objetivos financieros y los de tú empresa con un state-of-the-art network?

2.5. ERISA, 401ks (planes de jubilación) y el riesgo de un crash bursátil

Por si acaso te saltas la pregunta te haré otra aún más difícil

"¿Podrás jubilarte alguna vez ?"

Este pregunta salió en la portada de la edición de la revista TIME del 29 de Julio de 2002. Con la entonces reciente caída de la Bolsa y los escándalos en las corporaciones los ahorros de todo a la vida de millones de personas se deterioraron, a causa de sus planes de jubilación 401 (k).

2 días más tarde, el 31 d Julio de 2002, el Congreso d los EEUU, debido a la sucesión de escándalos corporativos tales como Enron, Tyco, etc. aprobó la Ley Sarbanes-Oxley. Aunque es una legislación fenomenal que ha impuesto algo de orden en el mundo corporativo, no ha sido suficiente para evitar la recesión 2008-2009 cuyos efectos persisten.

El hecho es que aunque se tomaron medidas correctivas en 2002, unos 6 años después ocurrió la mayor recesión desde la II Guerra Mundial.

¿ Esto no te hace parar y pensar por un momento sobre tu futuro?

Si esto aún no lo hace, déjame compartir otra cosa contigo que quizás te obligue a pensar sobre tu futuro.

El 5 de Mayo de 2002, un artículo en el Washington Post con el título "Cambios en las pensiones suponen retos" ("Pension Changes Pose Challenges") comparó el enfoque a 3 de la ley ERISA de 1974 sobre:

1.   Seguridad Social
2.   los ahorros del trabajador, y
3.   un plan de pensiones con fondos destinados por la compañía para el plan de pensiones definido del trabajador

a un taburete de 3 patas.

" La última vez que lo vimos, la primera pata, la Seguridad Social, aún estaba en pie, aunque temblando ya que sus garantías van siendo reducidas poco a poco: unos ingresos con cargas fiscales en aumento, una edad de jubilación más elevada, fiscalización de algunos beneficios, etc...

Todos los planes de ahorro con número y letra bendecidos por el Congreso – los 401 (k)s, 403 (b)s, IRAs, SEP-IRAs, Keoghs- tenían como finalidad potenciar la segunda pata, los ahorros del trabajador, necesarios para cubrir una jubilación cada vez más larga y cara. Los beneficios fiscales corporativos agregados a los planes de pensiones corporativos, en realidad compuestos por dinero del propio trabajador – han sido manipulados para aumentar o incluso reemplazar a la tercera pata del taburete. En lugar de premiar el ahorro de los empleados, han permitido a las compañías a abandonar o severamente limitar a los planes de pensiones tradicionales.

Todo esto quiere decir: Anda ¡mira!: ¡el taburete de 3 patas solo tiene 2 patas!

Si no has entendido lo anterior, debes considerar dos factores temporales:

a) El análisis del Washington Post también se realizó en el 2002, pero esto no fue algo que resolviera Sarbanes-Oxley cuando entro en vigor en Julio del 2002. De hecho, Sarbanes-Oxley, aunque es una ley positiva, no pudo evitar la recesión de 2008-2009, la mayor desde la II Guerra Mundial, y

b) ERISA significa Employee Retirement Income Security Act (Ley de Seguridad de Ingresos de Jubilación del Empleado). Es una ley que entró en vigor en 1974. Supuestamente, fue una ley que beneficiaba a los trabajadores ya que creó los planes 401k y que a su vez, dieron lugar a una nueva era de invertir en Bolsa.

Así que, como resultado de ERISA, las personas de repente fueron responsables de su propia planificación de jubilación, transfiriéndolo del empleador al empleado – que no dispone de la educación financiera necesaria para ayudarle a planificar con éxito. De repente, hubo miles de asesores financieros con poca formación educando a millones de personas. El problema es que la mayoría de estos empleados aún no se dan cuenta de que sus ingresos durante la jubilación depende totalmente del uso adecuado de sus contribuciones por los empleadores. Y se han cometido muchos abusos con los planes de jubilación. Incluso en compañías conocidas de primer nivel, los planes de pensiones están vacíos o con escasos fondos. Y en muchas ocasiones, una compañía compraba a otra no por el negocio, sino, porque quería el dinero de las jubilaciones. Algunas de estas compañías responsables tenían decenas de millones de dólares en sus fondos de jubilación y a veces esos fondos de dinero eran más valiosos que el negocio. Entonces, la compañía rapaz compraba la compañía y vaciaba el fondo de jubilación.

Así, mientras ERISA se aprobó como algo que beneficiaba a los empleados, de muchas formas beneficiaba a los empleadores. En muchos casos el coste de la jubilación fue transferido del empleador al empleado.

Y preguntarás, ¿no tiene la empresa que igualar la contribución del empleado?

La empresa podía hacerlo si su plan lo permite....pero la palabra clave es igualar (no hay matching obligation). Dicho de otra forma, el importe en dólares que el empleador tenía que pagar se ha reducido significativamente. Esto es como tomar el coste de tu hipoteca y cortándolo por la mitad. ¿no te gustaría poder reducir tu hipoteca a la mitad?. Y encima, muchos empleados eligieron no contribuir nada, así que el empleador no tenía nada que igualar. Por esto, si un empleado no contribuye a su fondo de jubilación, el empleador no paga nada. El coste de jubilación de ese empleado ha bajado a cero. Y por esto es por lo que vamos a tener un problema: el problema de gente sin ahorros para la jubilación. Porque la gente que mete dinero en el mercado no son inversores.

Como ya sabes, muchos de tus empleados no pueden entender un estado financiero. Entonces, ¿cómo puedes invertir si no sabes leer un estado financiero? Dependen de los asesores financieros de escasa formación, que la mayoría no estarán cerca cuando se jubilen. El impacto resultante que inició ERISA no solo está dejando a millones de personas sin un plan de jubilación sino que además, les obliga a jugarse su futuro financiero en la Bolsa.... y todos sabemos que los mercados suben y los mercados bajan.

Las subidas y bajadas están bien siempre y cuando no haya un exceso de demanda de liquidez. Sin embargo, el fallo de ERISA es que tiene un mecanismo de retirada obligatorio.

Este mecanismo causará problemas importantes hacía el 2016. En el año 2016 empiezan a jubilarse los baby boomers. En el año 2016 se estima que habrá 2,282,887 personas cumpliendo los 70 años en América En el año 2017, serán 2,929,818 personas cumpliendo los 70 años. Este salto, más de 5 millones de personas en total, se debe a los primeros baby boomers cumpliendo los 70. Esto puede darte una idea del efecto de esta generación de baby boomers tendrá sobre los planes de pensiones y los mercados. Será muy difícil que el mercado pueda subir si la gente tiene la obligación por ley de vender lo que tiene. Es similar a intentar llenar una bañera mientras se le hacen más y más agujeros.

Si a esto añades que lo empleadores no tienen obligación de igualar la contribución hecha por los empleados, la venta obligada generará una demanda de liquidez ya que muchos baby boomers se darán cuenta de que no existen fondos líquidos para sus ahorros. Si crees que te digo algo sin fundamento, déjame que cite a Alan Greenspan en Febrero de 2002 cuando habló en la Cumbre Nacional sobre Ahorros de Jubilación (The National Summit on Retirement Savings)

Federal Reserve Board Chairman Alan Greenspan speaks to the 2002 National Summit on Retirement Savings. Commerce Secretary Don Evans also attended the event.

"La mayoría de previsiones económicas están sujetas a una significativa incertidumbre. Al menos por comparación, hay una valoración que parece ser una propuesta razonablemente cierta: el ratio de jubilados a aquellos aún trabajando crecerá de forma dramática, comenzando al final d esta década, y ese ratio seguirá en aumento a lo largo del primer tercio de este siglo y se mantendrá elevado a lo largo del resto del siglo.

En parte, este desarrollo previsto se debe a la jubilación de los baby boomers, pero este fenómeno es más amplio que esto y refleja el envejecimiento de nuestra sociedad. De hecho, y más importante, según los directivos de la Seguridad Social, el reto demográfico no desaparecerá con el paso de la generación baby boom.

Esta población cada vez más numerosa necesitará ser alimentada, vestida, alojada y con servicios por una fuerza laboral que crece en mucho menor medida. Los jubilados habrán acumulado una parte importante de ahorros, pero los bienes y servicios necesarios para la transacción de esos ahorros deberán ser producidos por una fuerza laboral activa asistida por inversiones en bienes de capital y equipos suficientemente productivo para cubrir las necesidades tanto de los jubilados como de una fuerza laboral con expectativas de un nivel de vida en aumento. Aunque desde el punto de vista de un hogar individual el ahorro refleja derechos financieros adecuados para cubrir necesidades futuras, el enfoque para la economía en general, por necesidad, debe ser en producir los recursos reales necesarios para capital recursos financieros."Como puedes ver, Greenspan habló en Febrero, varios meses antes de Mayo (el artículo del Washington Post) y Julio (la ley Sarbanes-Oxley). Y aún así no supieron prever la crisis de las hipotecas sub-prime que provocó la crisis de crédito y al final la mayor recesión desde la II Guerra Mundial.

Y ahora mi pregunta de impacto para ti: ¿Sigues confiado de que en los años futuros podrás sobrevivir de un trabajo, independientemente del nivel retributivo?

Si te atreves a contestar si porque vives en Europa y piensas que nuestros amigos americanos son estúpidos, por favor déjame recordarte que la crisis de crédito tuvo efectos a nivel mundial. Obviamente, si los mercados financieros se colapsan en os EEUU, el mismo efecto está garantizado en Europa. Te recuerdo que en España solo se garantizan los depositos hasta 100.000 Euros y eso porque en Octubre 2008 los banqueros le tuvieron que decir a Zapatero que despertase pues solo se garantizaban 20.000 Euros cuando Alemania ya había garantizado todos tus ahorros.

2.6. Las empresas pueden eliminar los costes de reclutamiento y aumentar la presencia de marca

2.6.1 Headhunting es a menudo una táctica de ventas (sales pitch) y no un proceso de selección bien hecho

En Diciembre 2009 el nuevo recruiter interno de una multinacional americana muy conocida me llamó para una posición en Alemania del Este. Tuvimos una buena conversación pero el pensó que moverme de Alemania Oeste a una zona campestre donde no hablan mucho inglés era reducir mi calidad de vida.

Aun así le dije que no tenía problemas, que vivía solo y que estaba dispuesto a ir tras vivir bancarrotas/suspensiones de pagos en la industria del automóvil. Le dije que me había dado cuenta que los headhunters externos (también me lo dijo un amigo en Madrid durante el Argentina-España en el Calderón) van desapareciendo o fusionándose. Me lo confirmó, me dio nombres de empresas de headhunters (el venía de una de ellas) que falseaban poniendo anuncios en la web. La falsedad estaba en que no es cierto que el cliente tenga acuerdo escrito con ellos.

Por eso es un sales pitch. Nadie va a pagar una comisión entre un 15 y un 50% de un salario de primer año (por ejemplo 100.000 Euros). Eso se ha acabado. Me lo confirman en Marzo 2010 mis colegas del grupo de LInkedIn de Spanish Leadership: en Madrid están ofreciendo candidatos a coste cero con la condición que funcionen. En definitiva la degradación de la excelencia.

Este mismo mes un cazatalentos de Londres me ha llamado 12 veces en menos de 48 horas. Para decirme que tengo que ir a Zúrich a entrevistarme desde Alemania. Pero cuando le digo que me muestre que su cliente paga el vuelo a posteriori como él dice, me deja un mensaje a las 19.30 horas diciendo "que en ese momento se entera que la costumbre suiza es no pagar el primer vuelo, solo pagar el último si eres el candidato final". Qué gran mentira. A las 19.30 horas no hay nadie trabajando en Suiza. Es casi hora de ir a dormir en invierno. El tipo quería cobrar su comisión con mi CV. Por eso es un sales pitch.

> **Otra pregunta dura: ¿Crees que estas siendo profesional con tu empresa pagando una comisión gigantesca al headhunter quien por otro lado no hará probablemente un proceso de selección tan bueno como lo puedes hacer tú mismo vía LInkedIn ?**

Como explica el fundador de LinkedIn la seriedad de la web es simple: nadie que tenga 10 conexiones (ojo no 10 recomendaciones) se está inventando su CV porque la propia base de datos de LinkedIn te dice a qué ex-compañeros de trabajo tienes en LinkedIn. Si 10 le conocen de otras empresas es válido su CV. Por eso hoy el perfil vale más que el CV.

2.6.2   Búsqueda en Google dará tu empresa la primera si creas Grupos

Esto está explicado por Jan Vermeiren como el web search engine factor.

Sea cual sea tu sector, si tu función de informática o tu función comercial crea 50 Grupos con el nombre de tu empresa (sea sobre gama de productos, sobre proveedores, sobre reclutamiento) al final sale la primera en búsqueda Google. Yo mismo en Alemania encontré antes el perfil de una empresa filial de un gran holding vía su perfil en LInkedIn que por su web oficial.

2.7.   Como puede LinkedIn iluminar tu carrera, empresa y eliminar intermediarios.

2.7.1   CNN /Forbes sobre Accenture, IBM, LinkedIN y los Headhunters

El título de esta sección es similar a lo que CNN/Forbes también escribe. Te lo traduzco al español respetando la fuente porque es de Marzo de 2010 luego cuando lo leas querido lector te darás cuenta de tu retraso mental en el mundo 2.0.

http://money.cnn.com/2010/03/24/technology/linkedin_social_networking.fortune/index.htm

(Fortune) – Si necesitas un trabajo o buscas uno mejor, aquí tienes un número que te dará esperanzas: 50,000. Ese es el número de personas que el gigante de la consultoría Accenture tienes pensado contratar este año. Sí, trabajos de verdad, con salarios. Busca consultores de telecomunicaciones, expertos en finanzas, especialistas en software y muchos más. Puedes ser uno de ellos, pero, ¿te encontrará Accenture?

Para seleccionar a estos empleados de la forma antigua, la empresa dependía de headhunters, referencias de empleados y sitios web de trabajo. Pero el juego ha cambiado. Para llamar la atención de John Campagnino, el director de reclutamiento global de Accenture, será mejor que estés en la web.

LinkedIn CEO Jeff Weiner

Yendo al grano: si no tienes un perfil en LinkedIn, no estás en ningún sitio. En parte motivado por el reclutamiento más rápido y barato que puede hacer online, Campagnino piensa realizar

40

hasta un 40% de sus contrataciones en los próximos años por medio de social media: Y él dice: "Este es el futuro de reclutamiento para nuestra compañía".

Facebook es divertido, los Tweets tienen una vida muy corta pero si te tomas en serio la gestión de tu carrera, el único sitio web que importa es LinkedIn. En el mercado laboral actual, una invitación a "unirte a mi red profesional" se ha vuelto más importante, y más útil, que el intercambio de tarjetas de visita y el envío de currículums.

Sacale el máximo partido a tu perfil de LinkedIn

Más de 60 millones de miembros se han registrado para crear sus perfiles, cargar sus historias laborales y crear contactos con gente que conocen. El número de visitantes al sitio se incrementó un 31% el año pasado hasta los 17.6 millones en Febrero. Estos incluyen a tus clientes, tus colegas y tu jefe. Y el estar en LinkedIn te coloca en compañía de gente acreditada: el miembro medio es una persona con educación superior de 43 años de altos ingresos. Más del 25% son ejecutivos de alto nivel. Están presentes todas las compañías del Fortune 500. Es por eso que los reclutadores utilizan el sitio para buscar hasta ejecutivos del máximo nivel: Oracle encontró a su CFO Jeff Epstein via LinkedIn en 2008.

La razón por la cual LinkedIn funciona tan bien para contactos profesionales hay que encontrarla en el hecho de que la mayoría de sus miembros ya tienen empleo. Un grupo de personas con buenos empleos lo utilizan para prospección de clientes antes de llamar, pedir consejo a sus contactos y estar al corriente de donde se han colocado antiguos compañeros.

En este entorno, as personas que buscan trabajo puede hacer su networking casi sin el miedo de que se exponen a venderse a si mismos. Este población es más valiosa para los reclutadores también. Mientras sitios como Monster.com se centra en destacar a los que buscan empleo activamente, muy a menudo los empleados más demandados y cualificados son aquellos que ya tienen empleo. Los headhunters los llaman los candidatos pasivos. El negocio de RRHH y Headhunters de $8,000 millones se basa en que son difíciles de encontrar. LinkedIn cambia todo esto, es como una agenda detallada al alcance de cualquiera. Para toda una generación de profesionales, cuya formación incluía ocultar sus contactos a toda costa, esta transparencia les deja atrás. Hasta este momento, casi todas las conversaciones sobre cómo usar redes sociales de forma profesional se han centrado en lo que NO se debe hacer: no compartas fotos estando de juerga en Facebook, y no uses Twitter para comentar como te has escaqueado de la oficina.

Pero según las compañías recurren a la web para "minar" y buscar potenciales candidatos, ya no tiene ventaja mantener oculta información personal. Ahora, el imperativo está centrado en presentar tus habilidades profesionales de la forma más atractiva posible, incluyendo y poblando tu perfil palabras clave (marketing manager, global sourcing specialist, etc.) que colocará tu nombre en los primeros puestos de los resultados de búsqueda de los reclutadores.

A la vez, puedes centrar tus interacciones profesionales en un solo sitio, (uniéndote a grupos en LinkedIn) donde existen millones de grupos (en base a compañías, escuelas y afinidades), ofreciendo consejos y enlazando tu cuente de Twitter y actualizaciones de blog en tu perfil.

"Buscas en Google a otras personas, ¿no crees que otras personas te Googlean a tí?" pregunta el fundador de LinkedIn Reid Hoffman. "Un aspecto de un mundo conectado es que la gente te buscará, y cuando lo hagan, querrás controlar lo que encuentran." Ayudarte a presentarte a ti mismo online es solo el principio. LinkedIn tiene pensado ir más allá, convirtiéndose en una herramienta activa e indispensable para tu trayectoria profesional. Los secretos están enterrados en los datos, los de esos 60 millones de perfiles, incluyendo el tuyo.

El cerebro detrás de la actualización técnica de LinkedIn

En un negocio donde los maestros de los datos son estrellas de rock, Dipchand ("Deep") Nishar es Bono. Durante los 5 años en Google (GOOG, Fortune 500), Nishar, 41, fue clave en el desarrollo de la plataforma de anuncios, la estrategia móvil y en el desarrollo de productos para la región de Asia-Pacifico. Hoffman tardó casi 1 año en contratarle para ser vicepresidente de productos hasta que, finalmente, en Enero de 2009 Nishar giró a la derecha saliendo del aparcamiento de Google en Mountain View, California y condujo 2 manzanas a su nuevo despacho en las oficinas de LinkedIn. Con tanta experiencia en Asia, donde la mensajería móvil y otras redes sociales fueron adoptadas incluso mucho más rápido que en EEUU, Nishar entendió el valor de un sistema que ayudaría a los usuarios organizar todas esas relaciones digitales.

Pero fue un interacción personal que realmente le convenció sobre el potencial de LinkedIn. Nishar intentaba decidir si su hija, que entonces tenía 12 años, debería pasar el verano en un programa ofrecido por la universidad Johns Hopkins. Posteó la pregunta en su actualización de estatus tanto en Facebook como en LinkedIn. Así, mientras recibió más comentarios en Facebook, estos eran casuales y de felicitación. Solo le contestaron 4 de sus contactos en LinkedIn, pero le ofrecieron un análisis en profundidad, describiendo experiencias con el programa de la Johns Hopkins que daban crédito a las credenciales académicas de la institución y le convencieron para inscribir a su hija. Dice Nishar "La gente está en un contexto y un estado mental diferente cuando están en una red profesional".

Esta fue la apuesta de Hoffman cuando fundó el sitio en 2003.. Hoffman, 42, ya era uno de los personajes más hiperconectados de Silicon Valley con inversiones en docenas de otros "start-ups" (incluyendo Facebook), así que era natural para él pensar en una forma de que la gente construyese sus enlaces/redes.

"Me di cuenta de que todos tendrían su identidad profesional online para que pudieran ser descubiertos por los hechos profesionales que son importantes para ellos" recuerda, moviendo su mano según se reclina en la silla. "Lo más obvio es el trabajo, pero no es solo eso. También son clientes y servicios. Es sobre la gente buscando intercambiar consejos en, por ejemplo, financiación de deuda en los nuevos mercados de capitales". Apoyado por otros inversores ángeles como él, Hoffman y otros 4 (que se autodenominaron en castellano los cinco de LinkedIn por estar en California) aportaron el capital inicial y reunieron un pequeño equipo para lanzar el sitio como una operación básica desde su casa de Mountain View.

Al principio, los usuarios fueron lentos para aceptar el servicio. Muchos sitios de entretenimiento Web 2.0 disfrutaban de subidas meteóricas y estaban siendo adquiridas por importes monstruosos por las grandes compañías mediáticas (de hecho, después de ayudar a financiar YouTube, Hoffman proporcionó a sus fundadores espacio de oficina al principio durante 3 semanas).

En comparación, LinkedIn era un poco estático: era solo para currículums. Al ir siendo Facebook aceptado por adultos, creó una población de usuarios web familiarizados en actualizar su estado, postear links y microblogging. Hoffman percibió que el networking social por fin estaba llegando a la gente y que necesitaba darles a los usuarios de LinkedIn una razón para permanecer en el sitio antes de trasladar sus currículums y otra información profesional a plataformas como Facebook. Asi que, este pasado Diciembre reclutó al ex-ejecutivo de Yahoo Jeff Weiner para asumir el puesto de CEO. Y se ganó a Nishar.

John Klodnicki no buscaba trabajo cuando recibió una llamada de un reclutador de IBM que había visto su perfil en LinkedIn. Como director de Programa en la compañía de almacenamiento de datos EMC, se pasaba 5 días a la semana realizando consultoría en compañías farmacéuticas. "Era más o menos feliz", dice. Claro, tanto viajar era pesado.

Aquel Viernes por la tarde Klodnicki estaba comiéndose un sándwich mientras esperaba en la fila de seguridad del aeropuerto de Providence, intentando regresar a su familia en Nueva Jersey. La fila era larga y tuvo tiempo de charlar acerca de oportunidades. Después de pasar por varias rondas de entrevistas, el puesto inicial no llegó, pero se había iniciado la relación. Se mantuvo en contacto y el pasado Septiembre Klodnicki empezó a trabajar como socio asociado desarrollando nuevos negocios en el sector farmacéutico en las oficinas de IBM de Filadelfia, a tan solo media hora de su casa.

Gracias a LinkedIn, personas como Klodnicki son cada vez, más fáciles de encontrar. "Es un gran estabilizador para nosotros. Nos da la oportunidad de llegar directamente a un candidato", dice Annie Shanklin Jones, que dirige el reclutamiento en EEUU para IBM. " En una compañía del tamaño de IBM, eso es significativo."

IBM siempre ha sido una de las primeras compañías en experimentar con las nuevas tecnologías sociales. Sus reclutadores utilizan Twitter para anunciar nuevos puestos de trabajo y la compañía organiza sus propias comunidades de talento. Pero Jones dice que LinkedIn es el sitio de social media más importante para llegar a los empleados potenciales.

El ahorro de costes es uno de los principales factores que impulsan a las compañías a sortear a las grandes compañías de headhunters. "Si fuera una gran compañía de reclutamiento, por ejemplo, tendría que pagar entre $100,000 a $150,000 por una persona" dice Campagnino de Accenture. "Empieza a multiplicar eso por un número determinado de ejecutivos senior y rápidamente estamos hablando de una cantidad importante de dólares"

Si alguien debe estar nervioso por eso, es L. Kevin Kelly. Como CEO de Heidrick & Struggles, una de la compañías más destacadas de reclutamiento, se ha ganado la vida gracias a la opacidad de ese mercado. Viendo el ascenso de LinkedIn, se dio cuenta de que era una fuerza disruptiva que tendría que aprender a manejar bien; el verano pasado voló a San Francisco para cenar con Hoffman.

Sus compañías tienen un relación complicada. Por una parte, LinkedIn es una herramienta que utilizan los reclutadores y Heidrick & Struggles es un cliente. El software de LinkedIn permite a los reclutadores buscar en su base de datos sin acceder a las fotos, y por tanto, cumplir con las leyes anti-discriminación, y contactar con cualquier miembro de LinkedIn. Pero la recesión ha obligado a las compañías a reducir sus presupuestos para trabajar con compañías externas.

Los ingresos de Heidrick & Strugglescayeron un 36% en 2009, y mientras el negocio ha empezado a mejorar, Kelly intenta reinventar la compañía estableciéndola como un asesor en lugar de una simple firma de búsqueda de talento, ofreciendo consultoría sobre las formas de gestionar asuntos de personal y seleccionar miembros del consejo. Ahora esto solo representa un 7% del negocio pero espera que llegue a ser la mitad del negocio total de Heidrick & Struggles.

Aún habrá una necesidad de headhunters y las formas tradicionales de contratación, ya que LinkedIn no cubre todo. Y debe usarse con cuidado.

"Si no gestionas ese sitio, puedes erosionar tu marca," dice Arlette Guthrie, vicepresidente de gestión de talento en Home Depot. Guthrie aprendió a utilizar el sitio por medio de pruebas. A lo largo de los años experimentó cómo utilizar LinkedIn para todas las contrataciones, incluidos los temporales, ya que Home Depot necesitará 80,000 personas el próximo año – pero descubrió que LinkedIn no ofrecía mejores candidatos para el grueso de los puestos de la compañía, casi todos trabajos en las tiendas. Aunque muchos empleados, médicos y profesores se unen a LinkedIn, los principales miembros del sitio son profesionales corporativos.

Ahora Guthrie usa LinkedIn para tres areas difíciles: cadena de suministro, tecnología de la información y fuentes globales (global sourcing). Algunos de los reclutadores de Guthrie pasan tiempo a diario en el sitio, buscando potenciales candidatos, conversando con ellos en los grupos con mensajes y respondiendo a preguntas. Este enfoque ha funcionado bien. Utilizando servicios como este en Internet ella ha podido reducir el tiempo necesario para cubrir los puestos, una métrica importante en ese campo, por casi la mitad.

A la entrada de la clase "Hope" en el campus satélite de la universidad de Belhaven en Houston, Susan Thorpe reparte un pequeño libro titulado *12.5 Ways to Get Ahead on LinkedIn.* (12.5 maneras de salir adelante en LinkedIn) Al lado de ella, su marido Doug Thorpe, que auto publicó esta guía, ha dibujado un diagrama sobre el tablero que se asemeja a una plan de fútbol elaborado. Una serie de círculos etiquetados uno, dos y tres se expanden desde una burbuja central etiquetada. Una docena de personas que buscan empleo toman notas mientras Thorpe describe como dirigirte a tus contactos de primer nivel, esos antiguos colegas y amigos con los que has conectado en el sitio, para llegar a los contactos de segundo nivel. Es un proceso tan viejo como las relaciones humanas: Anda, ¿puedes presentarme a tu amigo? Thorpe explica el protocolo la técnica para hacerlo digitalmente. "Escribe una nota personal cuando le pidas a alguien que conecte", le dice a sus estudiantes.

Thorpe, 57, es uno de los cientos de consultores que han surgido para ayudar a profesionales a establecerse online. Después de perder su compañía inmobiliaria en la crisis, empezó Jobs Ministry Southwest, una entidad sin ánimo de lucro religiosa que ofrece apoyo gratuito en el area de Houston. Una docena de las 160 personas que asistieron al grupo de apoyo del día anterior han pagado $24.95 por esta introducción de media jornada a LinkedIn.

El mensaje principal de Thorpe a sus clientes es que es muy importante completar tu perfil. Obtén recomendaciones de antiguos compañeros. Utiliza palabras clave para resaltar habilidades que quieras destacar. Únete a grupos: los reclutadores a menudo buscan en los grupos a los potenciales candidatos. Responde a preguntas de colegas que demuestren tu categoría profesional.

Uno de los asistentes, Heinz Meyer, suspira de forma audible ante la perspectiva de pasar todo ese tiempo online. "Esto puede convertirse en algo que requiera 24/7 muy rápidamente," dice Meyer, 67, que acaba de perder su trabajo en Universal Pegasus, una compañía de construcción de oleoductos y gaseoductos. Thorpe le responde sugiriendo que dedique un tiempo limitado en el sitio cada día, digamos, 30 minutos. Aunque es difícil de creer, LinkedIn no le paga a Thorpe por excelente trabajo comercial que hace.

Existe mucho debate en la clase sobre la sugerencia de Thorpe de incluir fotografías profesionales en sus perfiles. ("No utilicéis perros, caballos, gatos o vacas de fondo"). Los de mayor edad están especialmente preocupados de que sus canas les discrimine por la edad. Hay aspectos negativos a tanta transparencia, argumentan. ¿puede ser que los contratantes sepan más de ti de lo que debieran?

Es una pregunta que Hoffman consideró desde el principio. A pesar de todo el beneficio que trae LinkedIn para la búsqueda de trabajo no puede borrar los retos fundamentales del mercado laboral. Una de las grandes realidades es que la mayoría de los baby boomers están sin trabajo porque las industrias en las que desarrollaron más de 3 decadas de experiencia o se han ido al extranjero o han cambiado irrevocablemente (vea el lector que la CNN está diciendo en 2010 algo que sobre el 2002 ya se había publicado en torno a los baby boomers y que Greenspan no negó).

Estos aspirantes de empleo necesitarán reinventarse en nuevos puestos. El asunto de sitios de social networking es que no mienten.. No puedes engañar sobre tu experiencia o edad, porque tus conexiones te conocen en la vida real. Asi, Hoffman está de acuerdo con el consejo de Thorpe: Pon tu foto. "Un perfil en LinkedIn te permite presentarte tan fuerte como puedas, así que utilízalo como ventaja".

De acuerdo, ¿pero como consigues ese trabajo? Es la última pregunta de sus alumnos mientras cierra su charla. Thorpe mira al diagrama elaborado en el panel, señalando a los números en círculos. Social networking es solo una manera más eficiente de llegar a las personas que conoces, y a la gente que ellos conocen. Trabajas la red. Conectas con gente como John Campagnino de Accenture si quieres trabajar en consultoría. Después, apagas tu ordenador y llamas a tus contactos por teléfono. Y les invitas a comer.

2.7.2 Los Headhunters tendrán que redefinir tus servicios

El dueño finlandés de una empresa de consultoría a la vez que CFO y CIO de otra compañía me escribe después de que hubiera posteado este artículo en un grupo de LinkedIn sobre la Gestión de Procesos de Negocio:

"Los Headhunters se comportarán cada vez más como asesores en lugar de solo compañías de búsqueda, ofreciendo consultoría sobre las formas de gestionar asuntos de personal y en la selección de miembros del consejo. Desde luego, la cadena de valor cambiará.

Además, el artículo proporciona una visión realista sobre como un profesional debe aparecer en Social Media – y sobre como debes explotar tu red e incluso tu habilidades para resolver problemas personales y la toma de decisiones. Cuando tienes amigos inteligentes recibirás consejos inteligentes."

¿Lo has leído? **Cuando tienes amigos inteligentes recibirás consejos inteligentes.**

Quiero ser tu amigo y darte un consejo inteligente. Sé que algunos nos hemos conocido personalmente y otros no. Pero lo que escribo es genuino. Para empezar, tus costes de reclutamiento deben ser cero. Tu ya tienes tu propia base de datos en España. He recibido solicitudes personales de ayuda de reclutadores en Estados Unidos e Irlanda (países anglo sajones) porque no sabían como usarlo, esto es, pusieron anuncios en los grupos. Esto no funciona. La pena es que su cliente deberá pagarles ahora una comisión. La pena no acerca de mi, es por la economía mundial ya que todo puede ser hecho estando LinkedIn. **Esto es crítico. Déjame explicarte esto en la siguiente sección. No es lo que piensas.**

2.8.   Como beneficiar a su compañía estando LinkedIn

2.8.1   La gente y las compañías no entienden lo que significa estar LinkedIn

Estar en Linked-In no quiere decir que tienes una cuenta de LinkedIN. Lo que quiere decir es que a la vez que tienes la cuenta de correo de la compañía abierta en la pantalla estás LinkedIn si la tienes abierta. Si no, no entenderás lo que pasa.

Esto lo aprendí por media de reclutador nacido en Alemania de una multinacional de EEUU que me envió un correo en Diciembre de 2008. Yo estaba ocupado y le respondí: ¿que es lo que quieres? ¿quién eres? Hablamos sobre un puesto en Alemania de forma confidencial. Me ha llevado hasta 2010 para darme cuenta de que lo que me decía era "Te he visto mientras estabas LinkedIn."

El nació en Alemania, tiene un nombre alemán pero fue criado en el Reino Unido así que su inglés es mucho mejor que su vocabulario alemán.

2.8.2   El primer error de personas y compañías: debes de tener 3 direcciones de correo electrónico de LinkedIn

Todos hemos abierto una cuenta de LinkedIn tanto con nuestra cuenta de correo personal o con la cuenta nuestra compañía. Esto fue porque alguien en el trabajo (o un antiguo compañero) nos envió una invitación.

Por ahora, todo bien.

Sin embargo, lógicamente LinkedIn no puede importar de forma inteligente el directorio de direcciones de correo de su cuenta de correo de su compañía, porque esto requeriría millones de contratos por dominio. Y no aconsejo integrarlo con Outlook por lo antes explicado.

Lo que sí hace LinkedIN de forma astuta es importar contactos de correo web de los siguientes dominio (te digo unos pocos porque no te voy a poner dominios hasta en ruso):

- Ø aol.com
- Ø gmail.com
- Ø gmx.at
- Ø gmx.ch
- Ø gmx.de

- Ø gmx.net
- Ø googlemail.com
- Ø hotmail.com
- Ø lg.com.br
- Ø libero.it
- Ø live.com
- Ø mac.com
- Ø msn.com
- Ø mynet.com
- Ø onet.eu
- Ø rediffmail.com
- Ø sbcglobal.net
- Ø t-online.de
- Ø web.de
- Ø yahoo.com

Por esto, algunos pocos usuarios listos tienen una cuenta como por ejemplo:

Pepe.Gonzalez.Linkedin@gmail.com

¿Aún te preguntas que tiene esto que ver con mi compañía? Muy simple. Si tu directorio de direcciones en el trabajo está en esa cuenta de gmail de LinkedIn, todas tus relaciones de negocios aparecen de forma automática bajo la sección "Contactos Importados". De esta forma, verás que

1. Tus proveedores están linked-in
2. Tus clientes están linked-in
3. Tus banqueros están linked-in
4. Tus expertos de TI están linked-in
5. Tus asesores están en linked-in
6. Dilo tú....podría escribir 100 ejemplos de socios de negocios con trato a diario que están en Linked-In pero solo unos pocos de nosotros conocemos el valor de "estar linked-in" en cualquier momento que utilizamos nuestros ordenador.

Sigues preguntándote: ¿cómo beneficia esto a mi compañía o a mí personalmente?

La respuesta corta es que hace que nuestros contactos de negocios sean directos.

La respuesta larga nos lleva a los siguientes temas.

2.8.3 Mejor branding y visibilidad vía sitio web, sumario y especialidades.

Otro error que cometemos cuando usamos LinkedIn es que ninguno de nosotros ha pensado en usarlo para el beneficio de tu propia compañía y negocio. Todos fuimos invitados a LinkedIn o nos han hablado de ellos. Así que todos lo hemos usado (o aún lo usamos) como algo que no es profesional.

Ese es el error: Necesitas empezar a ser profesional para ti y tu compañía.

2.8.3.1 Via website

Para darle la vuelta al branding y visibilidad de tu compañía desde 0 (porque tus empleados no siguen al pie de la letra los pasos abajo descritos) para llegar al 100% estos son los pasos.

Paso 1. Página web 1 en LinkedIN: Enlaza a la página principal del sitio web de tu compañía. Por ejemplo www.tuempresa.es pero usando palabras clave para todos tus empleados. Porque son empleados de tu compañía y lo dicen. Recuerda utilizar la función "otros" (other) para añadir estas palabras clave dado que enlaces múltiples a una determinada página harán que aparezca más alta en resultados de Google (u otro motor de búsqueda) cuando las gente busque con estas palabras clave.

Paso 2. Página web 2 en LinkedIN: Enlaza a una página especifica en el sitio web de tu compañía que esté relacionado con el individuo. Por ejemplo, www.tuempresa.es/ventas/productos.html si esa persona está en ventas. Pero puedes hacerlo para cada sección de tu sitio web y tus empleados, esto es, todos tus empleados tienen un rol en tu compañía. Hasta tu Director Financiero debe estar enlazado a la sección corporativa de tu sitio web.

Paso 3. Página web 3 en LinkedIN Website 3: aquí el enlace es libre. Libre quiere decir en este caso que si tu empresa es muy grande quizás quieras añadir un html cada cada empleado según corresponda. Si tu empresa es pequeña o eres un emprendedor dueño de un empresa quizás quieras enlazarlo a tu blog (si está relacionado con tu negocio).

2.8.3.2 Vía sumario y especialidades

Este es otro error común.

Todos ponemos donde trabajamos en la segunda línea y no hacemos mucho más. Esto es erróneo. Debajo de tu nombre debes explicar quién eres, esto es, un máximo ejecutivo con experiencia en los sectores xyz. No tienes que poner el nombre de tu compañía ya que sigue a continuación.

Un resumen sobre tí y cada uno de tus empleados debe ser como sigue:

1. Solo 1 párrafo sobre tu compañía que sea igual para todos tus empleados. Esto, obviamente, eleva el branding de tu compañía.

2. Uno o dos párrafos sobre la experiencia profesional del empleado como tal, ya que esto ayuda a la reputación de la empresa así como la del empleado.

3. Un párrafo describiendo tus intereses personales. Tus clientes o proveedores o banqueros o asesores tienen que ver que eres humano y no una máquina.

2.8.4 El verdadero poder de LinkedIn está en tus contactos de segundo nivel, grupos y avanzado

2.8.4.1 El poder de LinkediN: Tus contactos de segundo nivel

Quizás esta sea la parte más importante del informe. Al contrario de la creencia común, el poder de LinkedIn no está en tus contactos de primer nivel. Está en tus contactos de segundo nivel. ¿Por qué?

La respuesta es porque si te restringes solo a tus contactos de primer nivel entonces aquí termina tu negocio. Y serás uno de los millones de usuarios que tienen una cuenta en LinkedIn pero que no saben utilizarlo correctamente.

Déjame compartir contigo un simple cálculo contigo. Presumo que

a) Tengo 250 contactos (en realidad más de 5.000 contactos)

b) Tú tienes solo 125 contactos (puede que tengas más o menos)

Esta presunción es conservadora: tu solo tienes el 50% de mis contactos pero mis 250 es una minucia en comparación a mi número real. Así es como funcionaría la duplicación

· 250 x 125 = 31250 contactos en el segundo paso

· 31.250 x 125 = 3.906.350 contactos en el tercer paso

· 3.906.350 x 125 = 488.281. 250 contactos en el cuarto paso

· 488,281.250 x 125 = 61 035 156 250 en el quinto paso

Y entonces, obviamente tu pregunta será ¿qué tienes esto que ver con los Grupos?

La respuesta corta es: todos los miembros del Grupo son en realidad como contactos de segundo nivel porque puedes enviarles mensajes directamente.

La respuesta larga nos lleva al siguiente tema.

2.8.4.2 Cada usuario de LinkedIn puede tener 1,000 grupos (esto es, 50 Grupos x 20 subgrupos)

Todos nos hemos unido a Grupos en LinkedIn atraídos por la curiosidad. Sin embargo, ninguno de nosotros hemos entrado en LinkedIn de entrada para crear un Grupo.

Esto es un gran error. Busca por SAP en la sección de Grupos y verás cuantos Grupos SAP existen. Pero esto es solo el principio.

Para cada usuario, LinkedIn te permite tener hasta 50 Grupos. Así que, puedes crear tus propios 50 Grupos para tu compañía (delegando la "ownership" de cada grupo como hace servidor) si quieres. Además, cada grupo puede tener 20 Subgrupos. El cálculo es simple:

1. 50 x 20 =1000 Grupos con tu nombre de marca
2. 10 empleados duplicándolo por 1,000 Grupos es igual a 10,000 Grupos con el nombre de marca de tu compañía

Yo solo gestiono 3 Grupos. Pero si pones el nombre y apellido de mi perfil LinkedIn (sin mencionar LinkedIn) en www.google.es verás que mi perfil en LinkedIn es lo primero que aparece en Google. Linkedin es tu "First Digital Asset"

Dejame poner este simple ejemplo para ti.

El Grupo 1 propiedad del CEO de la compañía porque es el responsable de la estrategia.

1. Subgroup 1.1: El tema es tu negocio clave
2. Subgroup 1.2: Los temas son tus negocios no-clave, esto es, otros negocios que te proporcionan ingresos.
3. Sugbroup 1.3: El tema son los nuevos negocios y productos que acabas de lanzar (una compañía alemana sin nombrar lo acaba de hacer)
4. Subgroup 1.4. Relaciones con proveedores
5. Subgroup 1.5 Relaciones con los clientes
6. Subgroup 1.6: Relaciones con banqueros
7. Subgroup 1.7: Relaciones con otros máximos ejecutivos
8. Subgroup 1.8: Relaciones con los medios
9. Subgroup 1.9: Relaciones con Medios Digitales, esto es,. Web 2.0
10. Subgroup 1.10: Relaciones con asesores financieros
11. xxx
12. Xxx
13. Xxx
14. Xxx
15. Xxx
16. Xxx
17. Xxx
18. Xxx
19. Xxx
20. xxx

Esto es solo un ejemplo a grandes rasgos. Los demás 10 xxx los dejé así a propósito para obligarte a pensar.

¿Por qué?

Porque en cuanto tu creas tus 20 Subgrupos (o cualquiera de ellos) entonces tu nombre de marca (brand) se multiplica por 1,000.

Si repites este ejercicio con 10 empleados el nombre de tu marca (brand) se multiplica por 10,000. Aqui tienes otro ejemplo a grandes rasgos del resto de tus 10 Grupos (no SubGrupos)

* Grupo 2:   Propiedad del COO porque él/ella es responsable de Operaciones
* Grupo 3:   Propiedad del VP/Director de Ventas porque él/ella es responsable de Ventas
* Grupo 4.   Propiedad del VP de Marketing porque él/ella es responsable de marketing
* Grupo 5:   Propiedad del CFO porque él/ella es responsable de los controles financieros
* Grupo 6:   Propiedad del CIO porque él/ella es responsable de los controles de TI
* Grupo 7:   Propiedad del VP de RRHH porque él/ella es responsable de las funciones de RRHH
* Grupo 8:   Propiedad del Director de compras porque él/ella es responsable de es el responsable de Compras
* Grupo 9:   Propiedad del Director de I+D porque él/ella es responsable de I+D
* Grupo 10:   Propiedad del Consejero Legal porque él/ella es responsable del Departamento Jurídico

De nuevo, esto es solo un ejemplo a grandes rasgos. Tu eres el que tienes el diagrama de organización delante. ¿Has pensado que si cada uno de estos 9 usuarios crea 20 SubGrupos (que solo requiere 20 minutos para hacerlo) todo tu negocio "está Linked-In"?

Recuerda: "Estar linked-in" no significa tener una cuenta LinkedIn pasiva

Asimismo, no trastornas la interacción normal con el E-Mail ya que tu cuenta de correo LinkedIn ahora es

nombre.apellido.empresa.linkedin@gmail.com. Comprueba LinkedIn una vez al día o una vez a la semana. Tu defines tu ritmo de progreso.

Mi consejo: Utiliza "estar linked-in" exactamente como usas tu pantalla de E-mail. Y entonces verás los tremendos beneficios para tu negocio.

2.8.4.3   Avanzado: Esto quiere decir poner tu negocio en "avanzado" si lo utilizas adecuadamente.

Aquellos de nosotros que hemos asistido a Webinars (esto es, seminarios vía web que son gratis y se realizan de 2130 a 2245 CET para que Europeos, Africanos, Australianos y Neozelandeses, Asiáticos, Americanos del Norte y del sur puedan asistir) se supone que somos en cierto grado expertos en esto.

Pero aún así las estadísticas muestran que el 95% de los usuarios nunca han cliqueado en avanzado. En otras palabras, van directamente a la barra de personas. GRAN ERROR. Esto no es google. En la barra de personas solo ves tu red. Y cuando vas a avanzado no debes utilizar palabras clave sino estratificar.

Todo lo que tienes que hacer es introducir personas, no rellenar la barra, cliquear avanzado y tendrás una nueva pantalla en blanco. En ese momento empiezas a entender LinkedIn.

2.8.5 SAP parece estar tomando la delantera: Grupos y red de comunidad.

Si aún eres escéptico, déjame explicarte lo que ha hecho SAP.

Simplemente cambiar de personas a Grupos y escribir SAP

¿Que obtienes?

Yo obtengo miles resultados. El primer grupo que aparece es este

SAP Community

SAP community es la red mundial de profesionales que desarrollan, venden, utilizan y ofrecen consultoría en SAP.

51,985 miembros | (y creciendo)

Sin embargo, lo anterior es solo un ejemplo de un grupo numeroso y con éxito.

Debido al éxito de LinkedIn y sus Grupos, LinkedIn y la SAP Community Network (SCN) han unido sus fuerzas para combinar lo mejor que ofrece cada red para entregar beneficios excepcionales a los usuarios que pertenecen a ambas comunidades. El SAP Community Bio (en LinkedIn) es la primera de muchas ofertas resultantes de esta colaboración.

El SAP Community Network (SCN) ofrece contenido y conocimientos técnicos complejos para desarrolladores, analistas, consultores y administradores. En este entorno se estimula a los miembros a demostrar su capacidad técnica a sus colegas, empleadores potenciales y al mundo en general al anunciar su pertenencia y contribuciones en SCN en la aplicación SAP Community Bio. Su perfil indicará su estado de miembro SAP, sus contribuciones recientes y artículos y su nivel de puntos SCN.

Como puedes ver, acabo de googlear LinkedIN SAP Community Network (SCN) y obtuve esta respuesta

http://www.google.com/search?client=gmail&rls=gm&q=Linkedin%20SAP%20Communit y%20Network%20(SCN)

Resultados de búsqueda
1.   Sobre LinkedIn Connection

LinkedIn y la SAP Community Network (SCN) acaban de unir sus fuerzas para combinar lo mejor de cada oferta para ofrecer beneficios excepcionales al negocio.....
www.sdn.sap.com/irj/scn/linkedin-profile -

Que me lleva al sitio web oficial

http://www.sdn.sap.com/irj/scn/linkedin-profile

Puedes leer toda la página pero esto es lo que más me gusta es este mensaje final:

> "Un miembro de la comunidad fue a un cliente potencial e empezó a presentar a su compañía. El potencial cliente le interrumpió y dijo 'No es necesaria ninguna introducción. Te conocemos del sitio SAP Developer Network.' La presencia en la comunidad está abriendo puertas"
> Mark Finnern, Chief Community Evangelist, SAP AG

Esto lo dice todo ¿verdad?

2.8.6 Llegará la figura del Chief Intelligent Officer

De aquí a un tiempo, será necesario un experto interno de LinkedIn en cada compañía que se dé cuenta del potencial de esta plataforma de networking de negocios de éxito. El camino del progreso depende de ti.

Dentro de mis 2 CEOs alemanes no me deberían salir banqueros (tienen otro job title) pero lo que sucede es que algún banquero es también CEO. Así que como estoy conectado a el ya, he pensado que como en Alemania todo está muy bien organizado por Kreis (una especie de condados) cada sucursal va a tener que tener un experto LinkedIn para estar conectado con el cliente local. Retail banking en suma. Así que ampliaré mi radio de acción a la banca.

2.9. Como ser un líder a diario

Durante varios capítulos te he hablado de LinkedIn porque entiendo que necesitas una herramienta tangible para crecer a diario. Pero un principio de liderazgo dice que la grandeza es un trabajo interior. Por tanto este capítulo lo dedico a ayudarte a ser un líder a diario

2.9.1 Los hábitos marcan a un líder: Hazte productivo todo el día

También de mi vasta biblioteca de liderazgo he aprendido que los hábitos hay que cambiarlos si quieres ser un líder.

Uno de los problemas apuntados en nuestro grupo de Spanish Leadership en LinkedIn es la falta de productividad en España. Cuando tratamos el tópico en el grupo llegamos a la conclusión de que la jornada laboral (asumiendo que estas en empresa y no te pagan por horas) de un directivo o empresario debería ser así

- Diana a las 7 como muy tarde (y es tarde debo decir yo me levanto 5-5.30)
- Entrada al trabajo a las 8.30
- Parada para comer a la 1 como muy tarde
- Regreso a las 2
- Jornada vespertina de 2 a 6 como muy tarde

A partir de ahí te quedan 5 horas (de 6 a 11 pm) para desarrollar actividades productivas. Ni en Alemania, ni en EE.UU, ni en Inglaterra, ni en Holanda ni en Francia ni en Italia se pierden 2-3 horas a la hora de comer.

En España cuando pregunto a la gente dime ejemplos de vivir bien me hablan de: sol y buenos restaurantes. Lo cuestiono al 100%. En Francia se come de cine, y no digamos en Italia. En EE.UU he conocido los mejores restaurantes de pescado y carne. En Alemania se come muy bien.

Pero nadie rompe la jornada laboral a lo tonto. En Alemania yo he comido buffets de 4 platos (ensalada, sopa, segundo plato de lujo y postre) por 5.5 Euros en restaurantes cerca de Heidelberg. Costaba más la bebida (2.8 Euros por zumo de manzana) casi que el buffet.

2.9.2   ¿En que emplear el tiempo libre? En generar riqueza

Lo primero que yo te recomendaría es que no veas la televisión. En Inglaterra entre 1999 y 2001 no tuve televisión en casa. Ya no me hacía falta para mi inglés. Mis compañeros de trabajo me admiraban por ello. Te aconsejo que hagas lo mismo. Si no me escuchas es tu problema. El fundador de Google dice que todo el mundo necesita un mentor. Yo tengo mentores para varias cosas.

Asumiendo que deportes puedes hacer Martes y Jueves y algo un Domingo o Sábado. La pregunta es que haces con 15 horas libres (Lunes, Miércoles, Viernes) más 24 horas (de 10 a 22 horas) de Sábado y Domingo. En total 39 horas. O sea casi 40 cuando la jornada laboral son 40 horas por semana (8 x 5).

¿Te das cuenta de que si tienes problemas es solo porque tú quieres? Los problemas son oportunidades. Depende de ti el ver una oportunidad en lo que los otros ven el problema.

No es un problema la carga de trabajo sino la eficiente gestión del tiempo. Ya te he demostrado cómo sacar 40 horas adicionales

2.9.3   Formas de generar riqueza en 40 horas adicionales

2.9.3.1   Funda tu propia empresa

Refiriéndome a Miguel Angel Cornejo en el Capítulo 1 decía que el dice que crear algo (sistema, empresa) es ser un ser excelente.

Fundar Spanish Leadership no me ha costado más que comprar un dominio de Internet por algo menos de 10 dólares. Y utilizando LinkedIn he maximizado mi Brand value. Si pones mi nombre y apellido en google verás que salgo directamente en LinkedIN.

Funda tu empresa. De lo que sea. Define la idea y guárdala como un diamante alejado de depredadores. Está científicamente comprobado que un diamante es un depósito de carbono procedente el sol. Un diamante es una gota congelada de una luz de sol. Pule ese diamante que tienes como idea y desarróllalo.

2.9.3.2   Ponte a aconsejar a gente y a empresas

Con LinkedIn puedes ser el líder de tu industria, de tu sector, de tu ciudad, de tu barrio o de tu pueblo si tú lo deseas. Un líder es aquel que tiene seguidores. Ya lo hemos dicho al comienzo de tu libro. Dedica una parte de esas 40 horas a liderar todo tipo de proyectos en tu comunidad. El stress es mental, titán. Con que tú comas bien y duermas 7 horas al día no vas a tener stress.

2.9.3.3 Crea un negocio de network marketing

Como hombre que ha trabajado en 28 países del mundo (como mínimo 4 semanas en cada país) y con una red profesional en mas de 40 países del mundo te diría que a pesar de todo lo dicho en este libro la mejor actividad es crear un negocio de marketing de red, porque las 5 características del mismo lo hacen un negocio de ensueño. Las 5 características son:

a) **Mercado Global**: Presencia en más de 80 países y territorios. Puedes hacer negocios en más de 80 países y territorios con base en tu propio país.

b) **Ingresos residuales:** Los ingresos residuales son aquellos en los que haces el trabajo una vez y te pagan durante años. Algunos networkers han estado ganando dinero de gente que introdujeron en su negocio de networking desde hace más de 25 años. Lo hicieron sin la ventaja de Internet y sin contar con sitios profesionales como LinkedIn. Ahora disponen de volumen de gran negocio.

c) **Negocio hereditario :** Una compañía de networking tiene a gente de tercera generación trabajando para el negocio y aún se respetan todas las líneas originales de sponsorización. ¿Es hereditario lo suficientemente importante para ti? Espero que sí porque eso significa que el negocio que has creado será transferido a tus hijos cuando mueras. Recuerda el principio de liderazgo: el líder es el que posibilita que los seguidores se puedan convertir líderes. Sólo por tus hijos debes mirar un negocio hereditario.

d) **Duplicable.** El sistema de soporte de libros, cintas y eventos en vivo (uno abierto cada 2 semanas, un seminario cada mes y una convención cada trimestre) está disponible para que tengas éxito en construir tu red. Entra en el sistema de entrenamiento, y duplícate educando a otros a hacer lo mismo.

e) **Baja inversión y bajo mantenimiento:** Este puede ser lo mejor de este negocio. El coste de entrada es tan bajo que está disponible para casi cualquiera. En cuanto a bajo mantenimiento, muchos networkers prefieren trabajar desde sus casas, incluso los que tienen gran éxito que pueden permitirse una oficina de lujo, también trabajan desde casa. No es cuestión de donde trabajas, sino como trabajas., lo que cuenta en este negocio.

Esto es posible porque networking utiliza la forma más efectiva de publicidad: el boca-a-boca. Por otro lado, el modelo tradicional de las corporaciones depende de la publicidad: el problema con la publicidad es que siempre se malgasta la mitad del dinero. La ironía es que las corporaciones nunca saben si lo malgastado es la primera o la segunda mitad. O quizás, ambas. En cierta empresa alemana de marca deportiva el anuncio de Fernando Hierro en 1996 fue posible gracias a que un titán español y catalán, Don Benjamín Clarí Oltra, se enfrentó con una serie de inútiles escandinavos y británicos que querían sacar una campaña de marketing vergonzosa para la Eurocopa en base al humor inglés de Paul Gascogine entre otras tonterías. La agencia de marketing hizo el agosto porque rehízo 2 clases de anuncios y se llevó mas dinero de lo acordado. Pero lo triste es que la corporación alemana malgastaba el dinero porque no sabían gestionar su marketing.

Por eso te digo que yo no iría a una empresa de network marketing que no es líder sino a la líder. Tienes una bibliografía de libros adjunta en el apéndice y auto-asesórate. No me hables de que fulano o mengano te ha hablado de pirámides que las pirámides son las empresas corporativas donde solo hay un CEO y un CFO. Además tienes casi 40 años de retraso respectó a lo que dictaminó en su día la Federal Trade Commission: que este modelo de negocio es la mejor forma de llevar empresas. Si luego salen copy-cats como aquel italiano que fundó algo de teléfonos, copiando modelos, engañó a un amigo mío de París para ser Head of Business Development y a gente española de Fráncfort que picaron, para acabar este italiano siendo perseguido (y no sé si en la cárcel) entonces ya no es mi problema. Es problema de cainismo que en España funciona a todas horas. No se sabe lo que es la excelencia en general aunque si hay honrosas excepciones.

2.9.3.3.1 Angel de la Calle Ruiz, la honrosa excepción entre tanto pesimista

La más honrosa excepción es, Angel de la Calle Ruiz, este joven empresario de networking real que solo ha sido esclavo en las pirámides coporativas durante 4 años y 11 meses contados. A la edad de 34 va camino de ser el primer español en llegar al club financiero de Michigan. El es mi inspiración para que yo sea el primer español en lograrlo desde el extranjero. Quizás llegue el antes pero el sabe que tenemos un reto 21 y que si el llega antes a Michigan luego me va ver a mí concentrado en sobrepasarle. Si el y su padre lo han logrado yo y mi hija Carmen también lo haremos. Y en alemán.

es.linkedin.com/in/angeldelacalleamwaycumlaude21/ transmite leadership y achievement

Extracto

RAIMON SAMSO
http://www.youtube.com/watch?v=TCGWTBFCu-E

Sabias que el trabajo en equipo del network es fuente de riqueza ?

http://www.youtube.com/watch?v=u9C9DkaGKw4

CONVERSANDO CON RICH DE VOS
http://www.youtube.com/watch?v=jGG10Qic-xg

AMWAY, QUE SIGNIFICAN LOS NUMEROS
http://www.youtube.com/watch?v=JWDXUbisdOo

Especialidades
a.delacalle@anmarnetwork.com

Tel Móvil 636701715
Experiencia
Propietario
Anmar Network

Empresa pública; Sólo yo; Sector de Internet

enero de 2005 – Presente (7 años 4 meses)

En Anmarnetwork nos integramos verticalmente con un proveedor multinacional norteamericano de capital privado que factura mas de 10 billones de dólares anuales. La integración vertical es algo que se imparte en las mejores escuelas de negocios del mundo.Marcas como

NUTRILITE
ARTISTRY
BEAUTYCYCLE
ESPRING

Como ves en Estados Unidos los latinos lo saben bien mira..
http://www.youtube.com/watch?v=P6N2kAguiCg

en Alemania la mejor economía de Europa tiene 85.000 empresarios asociados y supera a las mejores marcas alemanas ahí mencionadas. Escuchatelo en alemán..
http://www.youtube.com/watch?v=WP38J8xu0sk

ROBERT KIYOSAKI
http://www.youtube.com/watch?v=0Z3GAWVTG0o
http://www.youtube.com/watch?v=2N-GBWp3psQ
http://www.youtube.com/watch?v=7YmLEi8k_uQ

ALGUNAS HISTORIAS DE EXITO....
http://www.youtube.com/watch?v=eVWRTaIs1D0

AMWAY CELEBRA SUS 50 AÑOS
http://www.youtube.com/watch?v=UcBU1XWjNSA

Y si aún estas escéptico estos videos en inglés con ejecutivos de las mejores multinacionales del mundo deben sacarte de duda
http://www.youtube.com/watch?v=gH2T7YW1x7I
http://www.youtube.com/watch?v=R6fmhrjq8F0
http://www.youtube.com/watch?v=f01P3kSkvKc
http://www.youtube.com/watch?v=2t5qbVB4lhs
http://www.youtube.com/watch?v=Gi2689GZI6Y
http://www.youtube.com/watch?v=c2aWZSv-1ns

Y PARA TERMINAR NUESTRO PLAN DE MARKETING. (TE LO RECOMIENDO)
http://www.youtube.com/watch?v=Qn2DBAg3gdE
http://www.youtube.com/watch?v=o0-CuU_RrLs&feature=related

2.9.3.3.2 Angel de la Calle Ruiz te explica las redes mas éxitosas del mundo

From: **Angel de la Calle**
Date: 2012/3/6
Subject: AMWAY
To: Juan Antonio Mesonero
Cc: JORGE ZUAZOLA

Hola Juan Antonio buenos días, soy Ángel de la Calle, (hermano de Estela). Referente a los manuales de negocio, los recibirás a lo largo de esta semana, es por lo que una persona paga los 40 euros de inicio (y que tiene 3 MESES DE GARANTIA).

Amway nos paga por facturación, y cada uno de nosotros como empresarios tenemos _3 formas de facturar:_

1)   A través de nuestro consumo personal (el que sea)

2)   A través de las ventas que podemos generar con los clientes (cada producto deja entre un 30% y un 35% de margen comercial). Tu compras a precio E.I. más IVA, y vendes a precio PVP

3)   A través de las Redes, es decir, Amway te faculta para crear franquicias independientes, y en función de la facturación global de esas franquicias Amway te aplica una tabla de Rappel o descuento por volumen.

Esas son las 3 formas, AMWAY para saber la facturación y pagarte por tu volumen mensual lo realiza a través de una tabla de rappel (V.P.=volumen de puntos)

 Y esa tabla es la siguiente

200vp-3%

600vp-6%

1200vp-9%

2400vp-12%

4000vp-15%

7000vp-18%

10000vp-21%

**1v.p = 1,6 euros**

 Cada producto que uno compra a la compañía tiene un valor de puntos (cuanto más cuesta el producto, más puntos tiene), y esos puntos los vamos acumulando desde el día 1 de cada mes, hasta el último día de cada mes, y acabado el mes la compañía te suma toda la facturación y te aplica esa tabla. De cualquier forma, en el Manual de negocio que recibirás te vienen ejemplos numéricos para aclararte cualquier duda. Lo más importante ahora es que agendes el 14 y 15 de abril para estar en la Convención de Madrid.

Una cosa es la formación que Amway nos da en productos, y otra cosa es la formación que necesitamos para construir las redes, esa formación como te decía será los días 14 y 15 de abril donde vienen personas de éxito en esta actividad y de las cuales aprendemos.

También te sugiero que te des de alta en www.dropbox.com (es gratuito) así podemos compartir una carpeta y puedo subirte conferencias que tengo y considero deberías escuchar para ir familiarizándote con el negocio.

Bueno Juan Antonio estas son una pequeñas pinceladas, este proyecto es MUY GRANDEEEEEEEEEEE!!!! Estoy a tu disposición para cualquier duda, pregunta, lo que sea OK?? Date de alta ahí lo antes posible para poder enviarte información

Un abrazo y bienvenido al equipo!

Ángel de la Calle

Que la recompensa es muy grande se evidencia en estos cheques no solo de americanos sino inclusive de cubanos que primero fueron inmigrantes en nuestra nación.

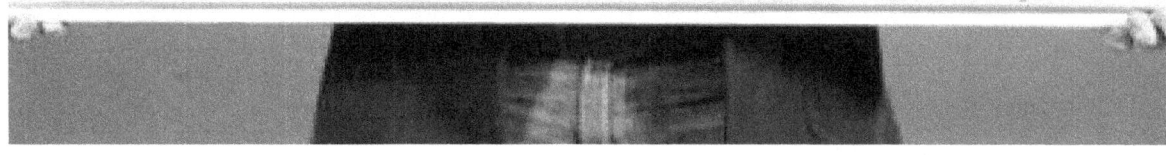

2.9.3.3.3 La humildad de 12 billones de dólares anuales

Nunca he visto un e-mail tan humilde de una persona empresaria para dar la bienvenida al mundo Amway a una persona nueva.

Es una gran maestría la de Angel.

Solo le envídio por algo: que es al menos una década más joven.

Lo demás lo tenemos en nuestrás manos. La gente malcree (al igual que malcree con LinkedIN) que entiende bien lo que describe Angel. No lo entienden. Se fundó en 1959 y ha pagado casi 30 billones en bonos en más de 5 décadas.

Esto no tiene nada que ver con puerta a puerta ni con impresiones ópticas. Tal y como explico a mis colegas linkedineadores tiene que ver con la base del network

- ➤ La anchura te da rentabilidad
- ➤ La profundidad te da seguridad

Y Angel con tener 6 equipos 21% debidamente construidos llegará al club financiero más importante de la tierra. Porque tiene profundidad de redes.

En los 80 la empresa de telecomunicaciones MCI vió el poder de las redes. Los expertos cuentan que contrató a 2 Americans (Express y Way) y a Sears. 6 meses después los asociados de American Way (Amway) vapuleaban en número de suscripciones a los de Amex y Sears. A día de hoy se siguen agolpando proveedores a hacer negocios de integración vertical con este mastodonte mundial que en plena recesión ha saltado de 8,2 billones de dólares en 2008 a casi 12 en 2012 siendo el 45% de su negocio los nutrientes de la marca Nutrilite que es el sponsor del AC Milan de fútbol. Aquí los datos de 2011 en gráficos.

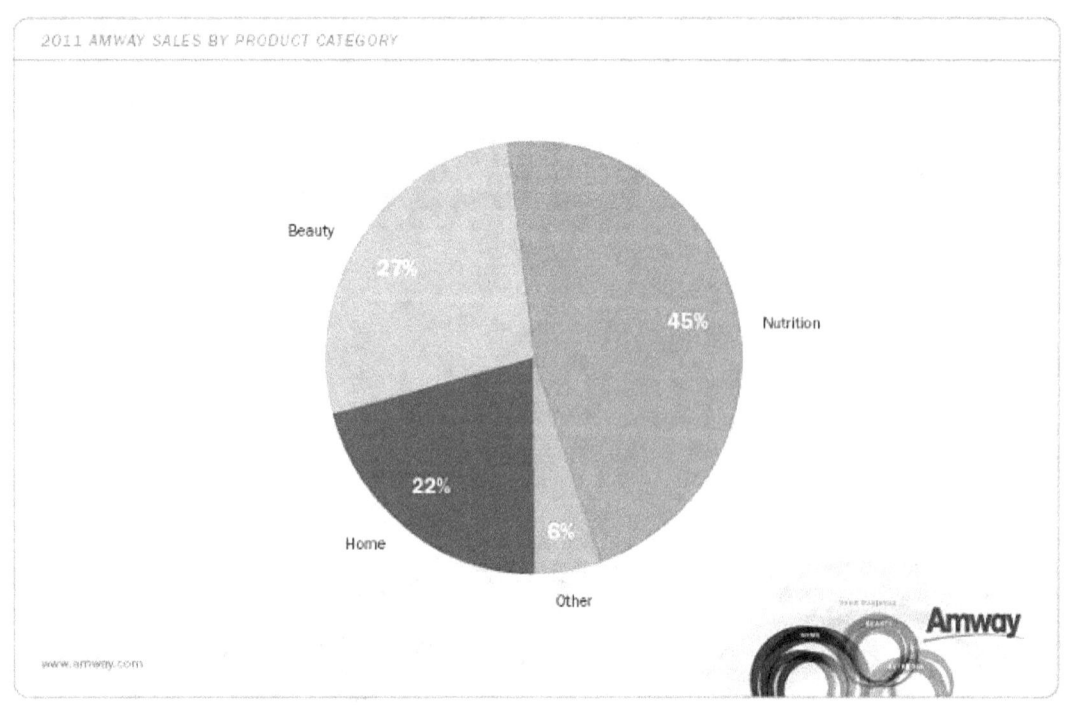

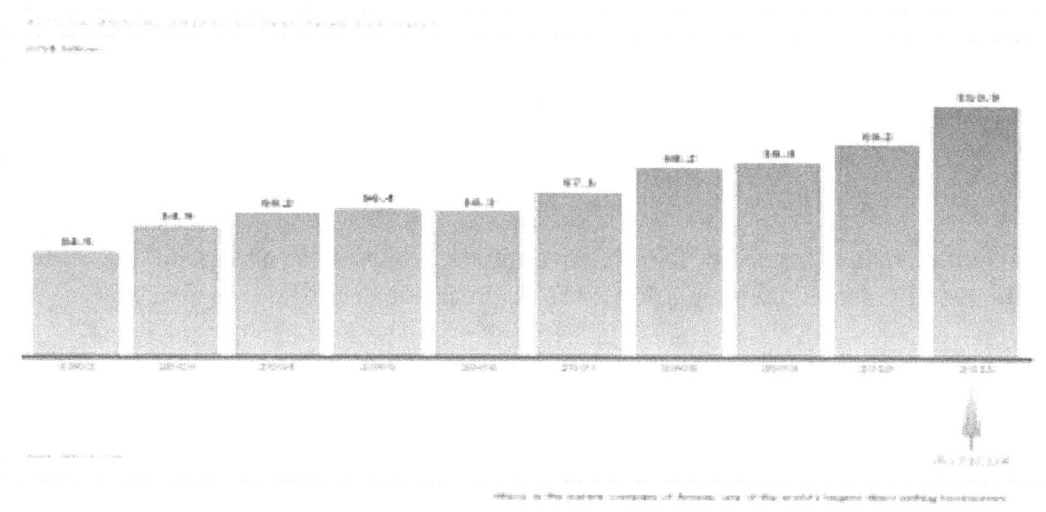

2.9.3.4   Sé mejor que yo: Léete 50 libros de liderazgo al año

Si bien mi bibliografía de libros en el apéndice te va a impresionar, no tengo tanto merito. Comencé en 1999 a leerme un libro al mes. Pero ¿sabes que?, no soy nada mejor que tú. En Octubre de 2004 me leí los 21 Secretos de Éxito de los Millionarios auto construidos de Brian Tracy que dice que **" Leer es a la mente lo que ejercitar es al cuerpo". Y dice que leer una hora al día supone leer un libro a la semana y leer un libro a la semana suponen 50 libros al año. Y añade 50 libros al año en los próximos 10 años significan 500 libros.** Y razona: Dado que el adulto medio lee menos de un libro al año cuando tu comiences a leer una hora al día, un libro a la semana, esto en sí mismo te va a dar un pedigrí increíble en tu campo. "Te convertirás en uno de los más listos, más competentes y mejor pagados en tu profesión simplemente leyendo una hora al día"

Lo triste para mí es que lo sé hace 6 años y como ves me quedan aún de leer más de 300 libros para llegar a la excelencia que propone Brian. Pero ya he despertado. Llevo 10 libros leídos en 14 semanas del año y lo lograré. Tengo hasta Octubre 2014 para lograrlo.

Te dejo con unas citas de liderazgo para que te inspiren a leer todos los días 1 hora: 20 minutos después de desayunar, 20 minutos después de comer y 20 minutos después de cenar. ¿Es fácil verdad? En mayúsculas pongo los nombres de personas relacionadas con el deporte para que te las memorices más fácilmente.

- Puedo aceptar los fallos, cualquiera falla en algo. Pero no puedo aceptar no intentarlo.

  MICHAEL JORDAN

- Un ganador es alguien que reconoce sus talentos que Dios le ha dado, trabaja sobre ellos para desarrollarlos en cualidades y utiliza estas cualidades para lograr metas.

  LARRY BIRD

- La clave de cualquier partido es utilizar tus fuerzas y proteger tus debilidades

  Paul Westphal

- No hay tal cosa como podría, debería o lo haría cuando tu podías haberlo, deberías haberlo o lo habrías hecho

  PAT RILEY

- Lo único que media entre un hombre y lo que quiere de la vida es a menudo simplemente la voluntad de intentarlo y la fé de creer que es posible

  RICK DE VOS
  (propietario de Orlando Magic)

- La mejor forma de escapar de un problema es resolverlo. El éxito nunca es final y el fallo nunca es fatal. Es el coraje lo que cuenta.

  Anónimo

- Imposible es una palabra que puede encontrarse solamente en el diccionario de los tontos.

  Napoleón Bonaparte

- Nada es imposible

  ADIDAS

- No existe una línea de llegada
  (There is no finish line)

  NIKE

Esta memorización debería ser semanal. He tenido que leerme más de 160 libros de liderazgo para aprender de Rick Warren en su libro The Purpose Driven Life. What on earth I am here for? que mi obligación tiene que ser memorizar 1 cita de la Biblia semanalmente. Pero no por ser excesivamente religioso sino para crecer como persona y como líder mejorando así mi calidad de vida. Este es otro reto que te lanzo para que me ganes tú en el mismo.

2.10. Conviértete en un líder español con resonancia: 2 ejemplos tangibles

Cuando te lanzo el reto de tú seas mejor que yo y que me ganes en leer libros de liderazgo y ser un líder excelente y no un mediocre es porque creo en ti español. Hay españoles que me lo demuestran día a día.

El 10 Abril 2010 cuando toda España estaba pendiente del Clásico algunos en Alemania estábamos trabajando y leyendo libros. Y cuando digo algunos no sólo me refiero a mí sino a otros 2 españoles. Muy diferentes. Muy variopintos:

- Juanma Roca, autor del libro la Revolución LinkedIN y

- Emilio Sánchez Vicario, el líder español de la Copa Davis

Emilio, al que he conocido vía LinkedIn me pasa un sms el día del Clásico para decirme todo lo que está escribiendo y que no puede atender mis llamadas (te recomiendo que leas que bien escribe Emilio en portugués e italiano en su perfil de LinkedIn) y me ofrece ayuda para buscar editoriales para este libro.

Ese sms de Emilio me motiva y empiezo a mirar editoriales por LinkedIN y veo que Juanma Roca, aparece en una de ellas. Y le llamo. Y al coger el teléfono veo un español diferente. Le pregunto si es un buen momento para hablar. Y me dice que es el perfecto porque ha hecho deporte y estaba tranquilamente leyendo un libro. Le expreso mi admiración porque yo leo también mucho libro y me estoy comenzando a leer el libro "Becoming a resonant leader". Lo que me deja anonadado es que Juanma me dice los autores del mismo al teléfono (Mc Kee, Boyatzis y Johnston). Para compensarle en reciprocidad le digo que acabo de leerme por segunda vez el libro de Cornejo (El Ser Excelente), le doy el título y se lo apunta. Demuestra su excelencia.

Al de unas horas veo que Emilio sigue conectado a LinkedIN y le digo que debe tomar el mando del subgrupo Liderazgo Español para el deporte. Lo hace y ya me da las primeras lecciones. Borra un par de comentarios míos. Y luego se pone a invitar a gente, preguntando antes como evitar que en las invitaciones se vean los E-Mails. Y el tío (toda una figura del deporte) se pone a comentar sobre los principios fundacionales de Spanish Leadership (la definición de liderazgo) que he explicado en el capítulo 1. Los leo y me parecen bien pero todavía no me he dado cuenta de lo que sabe de liderazgo.

A la hora en que todos los españoles están pendientes del Clásico yo decido seguir a Juanma Roca. Si Juanma sabe de este libro me da celos que lo sepa antes que yo. Y me leo bastantes páginas antes del Clásico. Y lo primero que aprendo es que los autores hacen (muchas veces) énfasis en el Síndrome del Sacrificio. Los líderes de las empresas acaban fracasando porque se ven inmersos en ese síndrome. De un lado para otro: avión, llamada, reunión inútil (una tras otra) que…les hace fracasar.

¿Crees que yo vi el Clásico? Si lo vi pero por P2P TV (canal chino) en mi laptop pero leyendo el libro cada vez que había una jugada parada. Y todavía tardé una semana para captar lo que Emilio Sánchez Vicario había escrito sobre liderazgo en el subgrupo de Spanish Leadership, llamado Liderazgo Español en el Deporte. Esto escribió Emilio (entre otras muchas perlas)

La Energía que crean los hinchas, pues estos son los que tienen fé en el talento español, es una de las claves del éxito del deporte español. Sabiamente Emilio dice que "cuando la mayoría de la gente cree que la victoria es posible, la energía fluye y se mueve hacia una dirección clara: **Éxito**". Esta auto-definición marca de la casa de Emilio es completamente consistente con un principio de liderazgo: El éxito es un viaje no un destino.

Emilio cree que los cambios sociales que han sucedido en España en los últimos 20 años han hecho a los españoles pensar como los países más importantes del mundo lo cual fue clave para los últimos éxitos del deporte. Emilio dice que la prueba está en que cuando la gente cree que puede, la gente puede mover montañas. Esta auto-definición marca de la casa de Emilio es completamente consistente con lo que dice David J. Schwartz en su libro The Magic of Thinking BIG (no hay traducción al español) que lleva décadas en el mercado americano. David lo dice: Se puede mover una montaña con fe.

Emilio alaba a los líderes españoles como Luis Aragonés, Lolo Sainz o Pep Guardiola por haber encontrado la forma de crear lo que se llama ISC (Ideal State of Competition, es decir, Estado Ideal de Competición) el cual pone, según Emilio, 4 factores juntos:

1. Físico
2. Emocional
3. Mental
4. Espiritual

Nuevamente esta auto-definición de Emilio me deja perplejo porque es lo que Mc Kee, Boyatzis y Johnston recomiendan en su libro Becoming a Resonant Leader. Lo llaman The Medicine Wheel y lo ponen casi igual (Body, Mind, Spirit and Emotion).

Como ves todo tiene sentido: Si un 10 de Abril de 2010 no cojo el teléfono y le llamo a Juanma Roca no me entero de que hay españoles que ya son líderes resonantes. El uno en LinkedIn, y como Director de Relaciones con los medios de la Deusto Business School, y el otro una leyenda del deporte español.

Un 10 de Abril del 2010 para cerrar el epígrafe 10. No creo en las coincidencias. Tú decides si quieres ser un español de 10.

2.11. Conclusiones: 20 puntos clave para tener delante de tu ordenador

El número 11 es el de conclusiones de TEAM. El equipo español de fútbol juega como un TEAM. Un once de todos para uno y uno para todos compitiendo. Por eso el epígrafe 11 lo dedico a ti para que compitas teniendo estas conclusiones todos los días delante de tu ordenador. Porque si no las tienes delante de tu ordenador, no arrancarás, te entrará el síndrome del sacrificio y no llegarás a la excelencia. Aquí van las 20:

➢ El liderazgo es tratar con las personas desde el principio hasta el fin.

➢ El liderazgo no es militarismo, política, visión o un puesto o posición. Los puestos y posiciones van a vienen. Las acciones y relaciones son la verdadera marca del liderazgo.

➢ El ser excelente es el opuesto al ser cainita, mediocre y vago. Te reto a que te conviertas en un líder de excelencia.

➢ LinkedIn atraviesa un período de crecimiento espectacular porque cuando la situación es difícil, el networking es una habilidad de supervivencia. Si bien LinkedIn fue fundado en los EEUU en 2003, está creciendo muy rápidamente en todo el mundo con un crecimiento notable en el Reino Unido, Alemania, España, Francia y muchos otros países europeos. Literalmente, millones de nuevos usuarios se unen a LikedIn cada año. Si el 2009 fue bueno, el 2010 será excelente. Ya no puedes quejarte. Si quieres ser un líder ahí tienes una herramienta tangible y respetuosa.

➢ Aunque algunas personas crean que es una herramienta de ventas, para mí LinkedIn es una plataforma de networking: es una plataforma para iniciar y mantener relaciones. El resultado de crear relaciones pueden ser una venta, pero también un nuevo trabajo, encontrar un nuevo empleado, proveedor, socio o conocimiento.

➢ LinkedIn está reemplazando el papel de los headhunters para encontrar un trabajo. Dado que todas las compañías líderes del mundo están presentes en LinkedIn resulta muy fácil estar conectado con sus directivos y sus recluta dores internos. Si un usuario de LinkedIn forma parte del mismo Grupo que el manager y el reclutador, pueden enviarse mensajes internos fácilmente.

➢ Celebridades como Richard Branson, Barack Obama y Bill Gates están en LinkedIn. El caso de Bill Gates no es ninguna sorpresa. Ya predijo el nacimiento del e-networking en su libro Business at the Speed of Light (Negocios a la velocidad de la luz). El perfil de Obama en LinkedIN incluso ha salido publicado en el diario británico The Guardian en Londres.

➢ Mientras puedes pensar que la recesión de 2008/2009 fue algo aislado, con origen en las hipotecas basura, la incomoda verdad es que existe un riesgo claro, en unos pocos años, de una recesión económica aún mayor. De forma clara, la seguridad en el trabajo ya no existe (si en realidad alguna vez existió) por eso tienes que hacer tu trabajo de network todos los días o no tendrás colchón para el futuro.

➢ Si se utiliza correctamente LinkedIn por RR.HH puede virtualmente eliminar tus costes de reclutamiento porque tu empresa no tendrá que pagar a los headhunters. Ya lo dice el director de Global Staffing de Trimble en http://talent.linkedin.com. Además tu Dpto de Informática puede lograr que el nombre de tu empresa sea la líder en tu sector cuando se hacen búsquedas por web vía búsqueda Google.

➢ Dado que LinkedIn tiene aplicaciones para IPhone, Blackberry y porque se puede utilizar Skype desde la oficina y desde el móvil, si haces un uso inteligente dc la tecnología puedes convertirte en un experto en minimizar los costes de teléfono tanto de negocio como personal.

➢ Si guías a tu departamento de Informática y a todos los reportes directos del CEO, puedes incrementar de forma significativa la presencia de tu marca en las búsquedas de Google para paulatinamente llegar a lo más alto de tu industria y/o sector. La clave está en tener tus propios Grupos con tu marca. Cada usuario puede tener 50 Grupos y cada Grupo sus 20 subGrupos lo que te da un total de 1,000 grupos con tu marca y/o nombre.. si haces este ejercicio para 10 reportes directos, ya estás hablando de 10,000 Grupos con tu marca en LinkedIn.

➢ La mayoría de los usuarios no entienden el concepto de "estar linkedin" en contraposición a tener una cuenta en LinkedIn. El error más común es tener solo la cuenta de correo del trabajo. Es mucho más eficiente hacer uso de las opciones de correo de LinkedIn y colocar tu cuenta de correo del trabajo como secundaria. Una cuenta de gmail, por ejemplo nombre.apellido.compañia.linkedin@gmail.com te permite empezar a conectar con todos tus contactos de negocios asi como aprovechar el poder de duplicación de los Grupos sin molestias, esto es, de la misma forma en que tienes tu pantalla de correo abierta en la oficina tienes tu pantalla de LinkedIn abierta. Esto es lo que se llama "estar linkedin".

➢ SAP lleva la delantera creando la SAP Community Network (SCN) . Debido al éxito de LinkedIn y sus Grupos, LinkedIn y SAP Community Network (SCN) han unido sus fuerzas para combinar las mejores ofertas de cada red y ofrecer excepcionales beneficios a usuarios de negocio que pertenezcan a ambas comunidades. El SAP Community Bio (en LinkedIn) es la primera de las muchas ofertas fruto de esta colaboración. Las empresas españolas líderes deben tomar nota inmediatamente de esto y aplicarlo

➢ La productividad comienza con un cambio de hábitos, los hábitos son fundamentales en el liderazgo.

➢ Levántate a las 7 y acuéstate a las 23 horas. No veas la televisión. Comienza tu trabajo a las 8.30 come a la 1 y sal a las 6 del trabajo.

➢ Libera 40 horas (excluyendo horas de deporte y oficina) entre Lunes, Miércoles, Viernes, Sábado y Domingo a crear riqueza para ti y tú familia.

➢ Funda tu propia empresa. Spanishleadership.com costó menos de 10 dólares.

➢ Conviértete en un líder en tu sector, comunidad y barrio. Actúa como un líder teniendo seguidores que crecen y se transforman en líderes.

➢ Crea tu propio negocio de network marketing y asóciate a una empresa líder no a segundones o copias de tercer o cuarto nivel.

➢ Lo más importante: lee un libro de liderazgo una hora al día, con el objetivo de llegar a 500 libros de liderazgo en 10 años. Cuando mires para atrás desde el día que lo aplicas te darás cuenta que el éxito es una decisión personal basado en la realización progresiva de unos sueños que valgan la pena. Mis sueños son los que me dan mi fuerza de liderazgo. De ello hablaré en mi próximo libro, estate atento a la web www.spanishleadership.com y a nuestro grupo Spanish Leadership en LinkedIn. Te dejo con mi bibliografía de 170 libros de liderazgo y éxito. Te reto a que te leas todos pues el 170 es Soñar para Ganar de Emilio Sánchez Vicario. Los sueños se hacen realidad trabajando con fe.

Y antes de dar paso a mis colegas linkedineadores finalizo con el documento enviado a Mariano Rajoy Brey al tomar posesión en Moncloa. Si hubiesen aplicado este concepto no tendría las dudas que siguen teniendo en el mes de Abril, que es el mes 4.

Yo se lo envié el mes 1 (Enero) como buen alemán.

Linked in.

ear
ESPAÑA

SPANISH LEADERSHIP

Objetivo

El gurú norteamericano de leadership, Brian Tracy sostiene que el éxito son objetivos y todo los demás son comentarios.

El objetivo de este documento es explicar cómo LinkedIn puede:

a) revolucionar el mercado laboral en 1 mes
b) promover la creación de empresas en 1 mes
c) generar un clima de confianza en 1 mes

siempre y cuando se cuente con el decidido apoyo del Gobierno nacional, sus Gobiernos regionales y las televisiones nacionales y autonómicas

Qué es LinkedIN

A diferencia de Facebook o Twitter, LinkedIn es un sitio de la red profesional. Por tanto, es un sitio serio porque incluye a todas las empresas líderes americanas de Fortune 500 más todas las europeas empezando por alemanas como SAP, Adidas o Daimler-Benz Mercedes. La media de edad de LinkedIn es un usuario de 41 años ejecutivo de empresa, de ahí la seriedad de la misma.

La seriedad de la misma queda expuesta en el tamaño de la red profesional de Jorge Zuazola, fundador de Spanish Leadership (www.spanishleadership.com) quien desde Frankfurt, Alemania tiene 17 millones de contactos en 2 pasos (contactos de segundo y tercer nivel) y que dada su destreza tiene en su red a:
* Mariano Rajoy
* María Dolores de Cospedal
* Dominique Villepin
* Nicolas Sarkozy (no confirmado pudiera ser otra persona)
* Barack Obama (contacto de segundo nivel)
* Emilio Sánchez Vicario
* Lolo Sáinz
* Alfredo Urdaci
* Manuel Campo Vidal

y un sinfín de contactos internacionales de primerísimo nivel

Qué no es LinkedIN

No es un sitio social de chateo como Facebook o Twitter. No se permite el anonimato ni escribir nada que sea objeccionable. No se permiten insultos. Esto es el mundo de la seriedad.

Razón del espectacular crecimiento exponencial de LinkedIn

La razón es muy simple: un modelo de network basado en

a) la duplicación

b) el reconocimiento a la valía personal de cada persona (lo cual es la base de leadership)

c) el objetivo último de proporcionar libertad financiera a cualquier persona en cualquier parte del mundo en que vivimos.

Estas razones aquí enunciadas no son razones standard. Son las razones fundacionales de Reid Hoffman quién fundó LinkedIn en California en 2003 en su sala de estar. De hecho en Estados Unidos es muy famoso el dicho "los cinco de LinkedIn" en reconocimiento a los cinco directores que comenzaron junto con Reid en una area de habla española. Reid es un business angel (un benefactor) de Facebook luego su modelo supera al de Zuckerberg obviamente

LinkedIn ha reportado 135 millones de profesionales en Noviembre 2011 tal y como aventuró Jorge Zuazola en Abril 2010 (cuando eran sólo 65 millones) en su libro Linkedin 100 millones, el caso de Spanish Leadership.

El peor error politico-empresarial que se puede cometer con LinkedIn

Considerar a una empresa que cotiza en bolsa en Nasdaq como es LinkedIn, algo para secretarias.

Immediata activación del Mercado Laboral

Jorge Zuazola, fundador de www.spanishleadership.com y sus asociados saben perfectamente que los Grupos de LinkedIn son la clave. Pero el error de la mayoría de la gente es en creer que grupos de búsqueda de trabajo con 35.000 personas lo resuelven. No es así. Porque entonces esos Grupos serían bolsas de trabajo vulgares para buscar trabajo. Y LinkedIn no tiene nada de vulgar. Empresas como Pepsi piden a los buscadores de trabajo que apliquen al mismo directamente desde LinkedIN.

La experiencia de Jorge Zuazola en los grupos de LinkedIn de mayor número de personas (más de 300.000) en EE.UU. dice que cada posting en el grupo dura 1 minuto porque al existir tantos postings no se puede seguir el mismo.

Por eso la clave es la estratificación en subgrupos tal y como hace Spanish Leadership. Así por tanto ejemplos de activación immediata del Mercado Laboral sería presentar televisivamente los siguientes grupos

1. Grupo: Spanish Leadership para Trabajos de 10.000 a 200.000 Euros Anuales

    1.1. Subgrupo para Trabajos de Salarios Anuales hasta 10.000 Euros
    1.2 Subgrupo para Trabajos de Salarios Anuales hasta 20.000 Euros
    1.3 Subgrupo para Trabajos de Salarios Anuales hasta 30.000 Euros
    1.4 Subgrupo para Trabajos de Salarios Anuales hasta 40.000 Euros
    1.5 Subgrupo para Trabajos de Salarios Anuales hasta 60.000 Euros
    1.6 Subgrupo para Trabajos de Salarios Anuales hasta 70.000 Euros

1.7 Subgrupo para Trabajos de Salarios Anuales hasta 80.000 Euros

1.8 Subgrupo para Trabajos de Salarios Anuales hasta 90.000 Euros

1.9 Subgrupo para Trabajos de Salarios Anuales hasta 100.000 Euros

1.10 Subgrupo para Trabajos de Salarios Anuales hasta 110.000 Euros

1.11. Subgrupo para Trabajos de Salarios Anuales hasta 120.000 Euros

1.12 Subgrupo para Trabajos de Salarios Anuales hasta 130.000 Euros

1.13 Subgrupo para Trabajos de Salarios Anuales hasta 140.000 Euros

1.14 Subgrupo para Trabajos de Salarios Anuales hasta 150.000 Euros

1.15 Subgrupo para Trabajos de Salarios Anuales hasta 160.000 Euros

1.16 Subgrupo para Trabajos de Salarios Anuales hasta 170.000 Euros

1.17 Subgrupo para Trabajos de Salarios Anuales hasta 180.000 Euros

1.18 Subgrupo para Trabajos de Salarios Anuales hasta 190.000 Euros

1.19 Subgrupo para Trabajos de Salarios Anuales hasta 200.000 Euros

1.20 Subgrupo para Trabajos de Salarios Anuales desde 210.000 Euros

2. Grupo: Spanish Leadership para Trabajos por Comunidades Autónomas

1.1. Subgrupo para Trabajos de Comunidad Autónoma de Madrid

1.2 Subgrupo para Trabajos de Comunidad Autónoma de Cataluña

1.3 Subgrupo para Trabajos de Comunidad Autónoma del País Vasco

1.4 Subgrupo para Trabajos de Comunidad Autónoma Valenciana

1.5 Subgrupo para Trabajos de Comunidad Autónoma de Andalucía

1.6 Subgrupo para Trabajos de Comunidad Autónoma de Galicia

1.7 Subgrupo para Trabajos de Comunidad Autónoma de Canarias

1.8 Subgrupo para Trabajos de Comunidad Autónoma de Castilla y León

1.9 Subgrupo para Trabajos de Comunidad Autónoma de Castilla-La Mancha

1.10 Subgrupo para Trabajos de Comunidad Autónoma Extremadura

1.11. Subgrupo para Trabajos de Comunidad Autónoma de Asturias

1.12 Subgrupo para Trabajos de Comunidad Autónoma de Cantabria

1.13 Subgrupo para Trabajos de Comunidad Autónoma de La Rioja

1.14 Subgrupo para Trabajos de Comunidad Autónoma de Aragón

1.15 Subgrupo para Trabajos de Comunidad Autónoma de Baleares

1.16 Subgrupo para Trabajos de Comunidad Autónoma de Murcia

1.17 Subgrupo para Trabajos de Ciudad Autónoma de Ceuta

1.18 Subgrupo para Trabajos de Ciudad Autónoma de Melilla

Y así sucesivamente hasta crear todo tipo de grupos necesarios sin límite

Immediata creación de empresas

A Jorge Zuazola, fundador de www.spanishleadership.com dado que tiene una red tan amplia le llegan tanto ofertas de como comprar empresas por 1 Euro (vía terceros de Madrid) hasta ofertas de financiación en grandes proyectos de cualquier parte del mundo (por ejemplo, un fondo inversor de Nueva York que busca 75 millones de libras esterlinas en Londres).

Para promover la creación de empresas se puede empezar con:

1. Grupo: Spanish Leadership para crear empresas de 10.000 a 1 Millón de Euros de Capital Social

    1.1. Subgrupo para crear empresas de capital social hasta 10.000 Euros
    1.2 Subgrupo para crear empresas de capital social hasta 20.000 Euros
    1.3 Subgrupo para crear empresas de capital social hasta 30.000 Euros
    1.4 Subgrupo para crear empresas de capital social hasta 40.000 Euros
    1.5 Subgrupo para crear empresas de capital social hasta 50.000 Euros
    1.6 Subgrupo para crear empresas de capital social hasta 60.000 Euros
    1.7 Subgrupo para crear empresas de capital social hasta 70.000 Euros
    1.8 Subgrupo para crear empresas de capital social hasta 80.000 Euros
    1.9 Subgrupo para crear empresas de capital social hasta 90.000 Euros
    1.10 Subgrupo para crear empresas de capital social hasta 100.000 Euros
    1.11. Subgrupo para crear empresas de capital social hasta 200.000 Euros
    1.12 Subgrupo para crear empresas de capital social hasta 300.000 Euros
    1.13 Subgrupo para crear empresas de capital social hasta 400.000 Euros
    1.14 Subgrupo para crear empresas de capital social hasta 500.000 Euros
    1.15 Subgrupo para crear empresas de capital social hasta 600.000 Euros
    1.16 Subgrupo para crear empresas de capital social hasta 700.000 Euros
    1.17 Subgrupo para crear empresas de capital social hasta 800.000 Euros
    1.18 Subgrupo para crear empresas de capital social hasta 900.000 Euros
    1.19 Subgrupo para crear empresas de capital social hasta 1.000.000 Euros
    1.20 Subgrupo para crear empresas de capital social de más 1.000.000 Euros

2. Grupo: Spanish Leadership para Creacion de empresas por Comunidades Autónomas

    1.1. Subgrupo para creación de empresas de Madrid
    1.2 Subgrupo para creación de empresas de Cataluña
    1.3 Subgrupo para creación de empresas del País Vasco
    1.4 Subgrupo para creación de empresas Comunidad Valenciana
    1.5 Subgrupo para creación de empresas de Andalucía
    1.6 Subgrupo para creación de empresas de Galicia
    1.7 Subgrupo para creación de empresas de Canarias
    1.8 Subgrupo para creación de empresas Autónoma de Castilla y León
    1.9 Subgrupo para creación de empresas de Castilla-La Mancha
    1.10 Subgrupo para creación de empresas Extremadura
    1.11. Subgrupo para creación de empresas de Asturias
    1.12 Subgrupo para creación de empresas de Cantabria
    1.13 Subgrupo para creación de empresas de La Rioja
    1.14 Subgrupo para creación de empresas de Aragón
    1.15 Subgrupo para creación de empresas de Baleares
    1.16 Subgrupo para creación de empresas de Murcia

1.17 Subgrupo para creación de empresas de Ceuta

1.18 Subgrupo para creación de empresas de Melilla

Y así sucesivamente hasta crear todo tipo de grupos necesarios sin límite

Immediata creación de clima de confianza

Aquí es donde Jorge Zuazola, fundador de www.spanishleadership.com saca varios cuerpos de ventaja a casi todos en function de su experiencia de mas de una década en organizaciones privadas de leadership y network gracias a las cuales ha leído mas de 215 libros de liderazgo, asistido a más de 50 Convenciones de leadership por todo el mundo, escuchado más de 300 CDs y escrito más de 10 libros sobre leadership teamwork y network.

Para promover la immediata creación de clima de confianza, el factor televisivo es importante para traer a Madrid a gurús del Leadership como

- Anthony Robbins
- John Maxwell
- Brian Tracy
- Robin Sharma
- Ronnie Kagan
- Colin Turner
- Pat Mesiti
- Robert Kiyosaki
- Dale Carnegie (su Instituto)
- Napoleon Hill (su Instituto)
- Jim Rohn (su Instituto)
- Steve Siebold

Estos gurús no solo garantizan el self-empowerment en televisión sino que su visita a Madrid revolucionaría el tejido empresarial nacional para escucharles en conferencias.

Jorge Zuazola, Fráncfort, Alemania, 21 de Diciembre de 2012

CAPÍTULO 3

Por Arturo de las Heras García

http://es.linkedin.com/in/arturodelasheras

BIOGRAFÍA

Arturo de las Heras García
CEO Madrid Open University, UDIMA

Madrid y alrededores, España | Gestión educativa

Actual   Madrid Open University, UDIMA, CEF.- Centro de Estudios
          Financieros, Cluster e-business (CLUSTER FOR THE
          DEVELOPMENT AND INNOVATION OF THE BUSINESS ON
          THE INTERNET)

Educación IESE Business School - University of Navarra

Mejora tu perfil   Editar ▾   500+
                                                 contactos

Inglés ▾ | es.linkedin.com/in/arturodelasheras/   Información de contacto

Nacido en Madrid en 1973. Estudió Derecho en el CEU-Luis Vives de 1991 a 1996.

Entre 1996 y 1999 se dedicó a formarse haciendo dos Másteres en el CEF.- Centro de Estudios Financieros, Tributación y Recursos Humanos fueron los postgrados realizados. Abogado en ejercicio desde 1998, aunque su desempeño profesional se ha desarrollado siempre en diversos puestos de responsabilidad dentro del grupo de empresas familiar.

En 1997, durante un viaje de estudios a EEUU, descubrió Internet y su potencial. A su regreso impulsó el desarrollo de la web corporativa del CEF.- y las primeras campañas de publicidad online del grupo. Sigue desarrollando la estrategia de Internet contando el grupo con más de 20 webs que reciben más de 1.000.000 visitas mensuales.

De 1999 a 2001 asumió la Jefatura de Estudios Jurídico-Fiscal en el CEF.- En 2000 arrancó el proyecto de formación on line del grupo, que en aquel momento se llamó Cefmedia. En su primera promoción alcanzaron los 500 alumnos. De 2001 a 2002 se trasladó a Barcelona para ser el adjunto del Director del CEF.- de Barcelona. A su regreso de Barcelona en 2002 se convirtió en el Subdirector General del CEF.- supervisando las actividades formativas de los centros.

A partir de 2003 realiza los primeros viajes a Latinoamérica buscando abrir nuevos mercados. En 2008 asume la Gerencia de la Universidad a Distancia de Madrid, UDIMA y la Dirección General del Grupo CEF.- En 2010 funda el Cluster eBusiness, Agrupación de Empresas Innovadoras dependiente del Ministerio de Industria, buscando convertirlo en un punto de encuentro entre las PYMES y la Universidad donde poder innovar e investigar en el progreso del Comercio Electrónico. Con el número 854.599 está en el primer millón de usuarios de Linkedin, Red Social que aprendió a utilizar de la mano de Jorge Zuazola y en la que se ha convertido en un referente nacional.

En la actualidad está embarcado en múltiples proyectos, tanto nacionales como internacionales, dirigidos al desarrollo de una red universitaria global en la que los estudiantes encuentren nuevas formas de estudiar y tener experiencias internacionales sin desplazarse de su casa.

3. Actitud de líder en tu organización te abre mercados

Antes de hablar de actitudes describamos qué es un líder, y nada mejor para ello que ir a la Real Academia Española. Empieza diciéndonos que viene del término inglés *leader*, guía, y en su primera acepción lo describe como "Persona a la que un grupo sigue, reconociéndola como jefe u orientadora". Así que tenemos por un lado que necesitamos a una persona que será el líder y a un grupo que le sigue. Para no desviarnos de lo que nos ocupa, nos centraremos en el líder y en el grupo, más o menos extenso, que lidera dentro de una empresa.

3.1. ¿Qué necesitaría nuestro líder para que su empresa le siga hacia nuevos mercados?

Para ser un líder necesitará adornarse de una serie de aptitudes y actitudes que le lleven a ser reconocido como tal y seguido no sólo por su puesto en la jerarquía, si no por el reconocimiento que los demás integrantes de su grupo le otorguen.

Sin ánimo de ser exhaustivo destacaría las siguientes aptitudes y actitudes:

- **Aptitudes** (capacidad y disposición para el buen desempeño o ejercicio de un negocio, de una industria, de un arte, etc.)

  o Conocimiento. Nuestro líder debe entender bien el negocio a abordar. No hace falta que sea el que más sepa, pero sí de manera suficiente para convertirse en un interlocutor válido tanto interna como externamente.

  o Sabe marcar objetivos. En virtud a este conocimiento es capaz de marcar objetivos al grupo. Sabe retar a sus subordinados y llevarlos a desafíos que supongan un crecimiento tanto individual como colectivo.

- **Actitudes** (disposición de ánimo manifestada de algún modo)

  o Habilidades sociales. Para ser un líder es necesario dominar las relaciones sociales; los negocios se hacen en relación con otros y los seres humanos no le pueden causar temor. Además debe conocer a la gente adecuada, a quien toma las decisiones o a quien puede abrir esta o aquella puerta.

  o Sabe escuchar. Nuestro líder necesita información y una buena forma para obtenerla es escuchando a los demás. Escuchando conocerá el estado de ánimo de los integrantes de su grupo, encontrará nuevas oportunidades o se podrá adelantar a los problemas.

  o Tiene visión. No hace falta que llegue a ser un zahorí capaz de encontrar agua en el desierto ayudado por un palo. Ni tampoco un visionario que ve lo que nadie es capaz de ver. Quien veía en 1980 que todos tendríamos un teléfono móvil en el bolsillo probablemente no pudo monetizar esa visión. Quien es consciente de que en 2013 todos lo llevamos y encuentra nuevas formas de solucionar problemas gracias a ellos sí.

  o Conoce a su equipo y deja germinar el talento. Como los entrenadores de fútbol, que no ponen a sus porteros a rematar en los corners, el buen líder debe conocer las capacidades de cada uno de sus subordinados y sacarlas el mejor provecho en beneficio de la empresa. Debe alentar los talentos de cada uno de los integrantes de su equipo para conseguir los objetivos marcados. No se siente en peligro porque algún miembro de su equipo le reste protagonismo.

o Predica con el ejemplo. De esta forma logra la cohesión del grupo. Como los grandes generales romanos, come con la tropa y lucha junto a ellos. No exige lo que no es capaz de dar.

o Es humilde. Un líder sabe que la soberbia hace cometer muchos errores. La historia militar está plagada de derrotas humillantes cosechadas por generales que se creyeron superiores al enemigo y no prepararon bien la batalla. No preparar bien las reuniones, menospreciar a las empresas rivales ante un concurso, etc. lleva a los directivos, nuestros generales modernos, a perder las batallas. La arrogancia genera además el rechazo.

o Es optimista y positivo. La actitud positiva es contagiosa. Una persona optimista es capaz de encontrar oportunidades ante cualquier situación. Actuar con entusiasmo arrastra al equipo al éxito.

o "Para, respira, piensa y actúa". Un líder necesita ser un hombre de acción, pero primero habrá pensado las repercusiones de sus movimientos. Actuar sin pensar en las consecuencias lleva a errores y pérdidas de tiempo.

o Es persistente. El líder sabe que los objetivos no se consiguen con una acción puntual, sino que son la suma de muchas pequeñas acciones. Los nuevos mercados no se conquistan en el primer viaje ni en la primera reunión. Perseverar y repetir, no desanimarse cuando no salen las cosas termina por dar buenos frutos.

o Acepta que el riesgo existe y asume las consecuencias de sus errores. El líder sabe que no es posible ganar siempre y debe asumir las consecuencias de sus errores, que llegarán, sin excusas. Escurrir el bulto y buscar "chivos expiatorios" hacen que en la siguiente oportunidad los miembros del equipo se piensen si merece la pena sobresalir.

o Es creativo. Consciente, como Einstein, de que para buscar resultados distintos no se puede hacer siempre lo mismo, el líder necesita ser creativo. Buscar caminos nuevos, otras formas de hacer las cosas ayudará a la empresa en la conquista de estos nuevos mercados.

o Es ético. Un líder necesita de comportamientos éticos para arrastrar a sus subordinados. Como vimos anteriormente, nuestro líder predicaba con el ejemplo, las acciones poco éticas o injustas se convierten en malos ejemplos para el grupo que tenderá a repetirlos en su escala de responsabilidad.

o Sabe comunicar. Sin duda esta es una de las principales virtudes que debe tener un líder. Tener un discurso claro y sencillo de entender facilita el trabajo del grupo, que encaminará sus acciones a la consecución del resultado.

Los jefes que, en más o en menos, atesoren las aptitudes y actitudes descritas se convertirán en líderes para sus grupos y les servirán de guía en la conquista de estos nuevos mercados.

3.2. Analicemos las características de un líder muy relevante: Steve Jobs

Lo anterior define las características teóricas del "super-líder". Dado que en el mundo real las personas de carne y hueso, aunque puedan ser grandes líderes, no son perfectas, vamos a analizar el caso concreto de Steve Jobs, fundador de Apple en relación con las características anteriormente enunciadas.

- **Aptitudes**

  o Conocimiento. Steve Jobs tenía un profundo conocimiento de la tecnología, y una clara comprensión de su negocio.

  o Sabe marcar objetivos. Steve Jobs era capaz de marcar objetivos absolutamente retadores, a veces imposibles, de modo que en muchas ocasiones se hablaba de que creaba un "campo de distorsión de la realidad", pidiendo a su equipo y consiguiendo que lograran lo imposible. Es interesante resaltar al respecto la siguiente anécdota extraída de su biografía escrita por Walter Isaacson:

  > *"Un día de 1982 Jobs entró en el cubículo de Larry Kenyon, el ingeniero que trabajaba en el sistema operativo del Macintosh, y se quejó de que aquello tardaba demasiado en arrancar. Kenyon le explicó la situación, pero Jobs le cortó en seco: "Si con ello pudieras salvarle la vida a una persona, ¿encontrarías otra forma de acortar en diez segundos el tiempo de arranque?", le preguntó. Kenyon le concedió que posiblemente podría. Jobs se fue a una pizarra y le mostro que si había cinco millones de personas utilizando el Mac y tardaban 10 segundos de más en arrancar el ordenador todos los días, aquello sumaba unos 300 millones de horas anuales que la gente podría ahorrarse, lo que equivalía a salvar 100 vidas al año. Larry Kenyon quedó impresionado y unas semanas más tarde se presentó con un sistema operativo que arrancaba 28 segundos más rápido."*

- **Actitudes**

  o Habilidades sociales. Steve Jobs era una persona de muy difícil trato, de blancos y negros: o le encantabas y te encantaba, o te despreciaba, o peor aún, te ignoraba. No se puede decir que fuera un modelo en este sentido, sin embargo, conocía a la gente adecuada, a quien toma las decisiones o a quien podía abrir puertas.

  o Sabe escuchar. Tampoco Steve Jobs destacaba por su capacidad de escucha. Es famosa su frase *"nuestro clientes no saben lo que quieren, sólo lo reconocen cuando yo se lo enseño"*, refiriéndose al iMac, al iPad, al iPhone, a iTunes, etc.

  o Tiene visión. No hace falta que insistamos en una de las personas más visionarias del siglo XX y XXI. Los productos de sus empresas han transformado por completo la forma de utilizar ordenadores, de consumir música, películas, o de conversar por teléfono.

  o Conoce a su equipo y deja germinar el talento. Steve Jobs se intentaba rodear de personas inteligentes, con talento, les impulsaba a conseguir objetivos increíbles, y les "perseguía" hasta que lo conseguían.

  o Predica con el ejemplo. Steve Jobs era un enfermo del trabajo, con una capacidad increíble de concentración, que le llevaba incluso a descuidar su higiene personal o su alimentación, según los que le conocieron. No creemos que haya que llegar a esos extremos, pero su ejemplo y compromiso eran innegables.

- o Es humilde. Definitivamente, Steve Jobs no era humilde. Era orgulloso y arrogante, lo que llevó a tener problemas con sus socios, con sus subordinados y empleados, y fue uno de los motivos que causaron su salida de la principal compañía que fundó, Apple, a la que años después volvería para salvarla.

- o Es optimista y positivo. Quizá Steve Jobs iba mucho más allá del optimismo, puesto que ponía siempre el listón tan alto, y estaba tan fanáticamente convencido de conseguir los objetivos, que creaba ese "campo de distorsión de la realidad" que le caracterizaba, y con el que contagiaba a su equipo.

- o "Para, respira, piensa y actúa". Steve Jobs fue un hombre de acción, pero sin duda, y según fue evolucionando como empresario y como líder, era un hombre que sabía medir sus movimientos y actuar habiendo pensado antes las consecuencias de sus actos.

- o Es persistente. Esta es una de las características más acentuadas de la personalidad de Steve Jobs. Por ejemplo, el nacimiento del MacIntosh, el primer ordenador personal realmente pensado para el usuario, es una gran historia de persistencia y de no rendirse a pesar de las dificultades. Era capaz de cuidar los detalles hasta que todo no estuviera perfecto. Tomó por ello decisiones controvertidas como aplazar el nacimiento del iMac, lo que costó millones de dólares, porque quería un lector de CD-ROM en sus ordenadores sin bandejas que estropearan su elegante diseño.

- o Acepta que el riesgo existe y asume las consecuencias de sus errores. Steve Jobs perdió el control de Apple y tuvo que salir de la empresa que había fundado por ello. Uno de los errores que admitió haber cometido es contratar como CEO a John Scully, proveniente de PepsiCo, la persona que finalmente provocó su salida de Apple.

- o Es creativo. Ha habido pocas personas tan creativas como él para encontrar nuevos diseños, nuevos productos y una forma de hacerlos llegar al usuario fresca y atractiva.

- o Es ético. Steve Jobs tenía una ética del trabajo irreprochable, con altos estándares de calidad, pero era un líder que se puede calificar de despótico e irritable, lo que le hizo en ocasiones cometer injusticias con su equipo y con sus decisiones.

- o Sabe comunicar. No hay más que presenciar alguno de los lanzamientos memorables de sus productos (como el del iPhone en 2007, que se puede ver en http://www.youtube.com/watch?v=6uW-E496FXg) para darse cuenta de la casi hipnótica capacidad de comunicación de Steve Jobs. Es emblemático también su discurso en la Universidad de Stanford, donde compartió con los estudiantes tres episodios fundamentales de su vida. Se puede ver en: http://www.youtube.com/watch?hl=es&v=ykUyVFkizfQ&gl=ES

Steve Jobs fue un gran líder, un visionario que transformó varias industrias y la vida de la gente, pero no era perfecto. Estoy convencido de que muchos de nuestros lectores, que tampoco son perfectos, son ya excelentes líderes en su trabajo y en su vida. Lo que está claro es que cuanto mejores líderes consigamos ser, mejores CEOs seremos. Y liderar en LinkedIn es nuestra obligación.

Arturo de las Heras García, Madrid, España, 21 de Diciembre de 2012

CAPÍTULO 4

Por Francisco Rosado
http://www.linkedin.com/in/franciscorosado

BIOGRAFÍA

Francisco Rosado

Technology guru. CIO - CEO - CTO - IT Manager.
Leadership. Bilingual. Can you see it? (1.8K)

Madrid y alrededores, España | Servicios y tecnología de la información

Actual	TIEASY Take It Easy, Minimally Invasive Surgery Centre Jesus Uson, Extremadura LeaderShip
Anterior	Minimally Invasive Surgery Centre Jesus Uson, Toyota España, S.L.U., Atos Origin SAE
Educación	ESIC: Business & Marketing School

Editar ▾

500+
contactos

Inglés ▾ | es.linkedin.com/in/franciscorosado/

Información de contacto

Francisco estudió informática y tras más de 14 años en posiciones directivas en multinacionales, decidió dar el paso definitivo y convertirse en empresario.

Desde ese momento lidera una empresa TIEASY (Take It Easy) dedicada a la consultoría tecnológica de alto nivel, ayudando a grandes empresas y corporaciones en sus procesos de Tecnologías de la Información.

Previamente había dirigido el departamento de desarrollo IT en Toyota España durante cinco años, así como distintas posiciones gerenciales dentro de la multinacional de tecnologías de la información Atos Origin en Madrid.

Gran conocedor del mundo tecnológico, autor de varios libros y colaborar habitual en prensa escrita, revistas y conferencias, crea en el año 2012 el grupo Chief Information Office Leadership, ayudando a Directores de IT, CIOS y CEOS de todo el mundo a adoptar la mejor tecnología dentro de su empresa.

Paralelamente, y debido a sus raíces extremeñas, crea y dirige el grupo Extremadura Leadership, referencia empresarial para Extremadura, poniendo en contacto a empresas de esa región con todo el mundo y viceversa, dinamizando la economía local, apostando fuertemente por la internacionalización empresarial.

Francisco además, por su pasado y presente empresarial, posee unas capacidades innatas de gestión, liderazgo y desarrollo de negocio. Muy hábil en la generación de leads para empresas, colabora con multinacionales en encontrar nuevos clientes y nichos de mercado y subir exponencialmente las ventas y su revenue.

4. Network es una relación Win-to-Win que te vale para todo en la vida

Hace tiempo, en un curso sobre inteligencia de negocios, escuché una frase que me ha quedado en la mente para siempre: "La negociación que persigue el interés mutuo se basa en satisfacer las necesidades de todos los involucrados".

En aquellos tiempos, finales de los 90, con una aún incipiente Internet, donde ni siquiera existían las tarifas planas, prácticamente nadie asociaba Network como ahora a Redes Sociales.

Al contrario, vivíamos en una sociedad de proteccionismo, donde lo importante era el conocimiento. El más poderoso era aquel que más conocimiento tenía, y no aquel que era capaz de compartirlo. Solo en el ámbito académico se podría ver conocimiento compartido. Todos veíamos día a día en nuestros trabajos frases como "a la competencia ni agua", "que esto no me lo copien", "si te cuento esto ya sabes lo mismo que yo, y yo puedo perder mi trabajo".

Vivimos ahora en pleno apogeo de las redes sociales. Todo ha cambiado de la noche a la mañana y a velocidad de un cohete espacial.

Como inicio, y como reflexión, piense en esta frase de Zig Ziglar: "Puedes tener todo lo que quieras en la vida si ayudas a otra gente a conseguir lo que quieren".

4.1 ¿Qué es Network?

El concepto de Network es tan antiguo como la propia Humanidad.

La población tiene a reunirse en grupos, y estos grupos tienden a relacionarse con otros grupos formando entramados de araña que conocemos como redes. Son el germen de las mal llamadas ahora Redes Sociales.

Podemos definir Network como una estructura formada por un conjunto de actores (organismos, organizaciones, …) que están conectados de alguna manera, con relaciones interpersonales de algún tipo, ya sea parentesco, amistad, profesional, social, …

En nuestra vida pertenecemos a cientos de redes. Nuestra comunidad de vecinos es una parte de la red que forma el municipio. Nuestro grupo de amigos se relacionan a través de sus miembros con otros grupos de amigos

Estas redes sociales se basan en la teoría de los seis grados, Seis grados de separación es la teoría de que cualquiera en la Tierra puede estar conectado a cualquier otra persona en el planeta a través de una cadena de conocidos que no tiene más de seis intermediarios. La teoría fue inicialmente propuesta en 1929 por el escritor húngaro Frigyes Karinthy en una corta historia llamada Chains. El concepto está basado en la idea que el número de conocidos crece exponencialmente con el número de enlaces en la cadena, y sólo un pequeño número de enlaces son necesarios para que el conjunto de conocidos se convierta en la población humana entera.

Según esta Teoría, cada persona conoce de media, entre amigos, familiares y compañeros de trabajo o escuela, a unas 100 personas. Si cada uno de esos amigos o conocidos cercanos se relaciona con otras 100 personas, cualquier individuo puede pasar un recado a 10.000 personas más tan solo pidiendo a un amigo que pase el mensaje a sus amigos.

Estos 10.000 individuos serían contactos de segundo nivel, que un individuo no conoce pero que puede conocer fácilmente pidiendo a sus amigos y familiares que se los presenten, y a los que se suele recurrir para ocupar un puesto de trabajo o realizar una compra. Este argumento supone que los 100 amigos de cada persona no son amigos comunes. En la práctica, esto significa que el número de contactos de segundo nivel será sustancialmente menor a 10.000 debido a que es muy usual tener amigos comunes en las redes sociales.

Si esos 10.000 conocen a otros 100, la red ya se ampliaría a 1.000.000 de personas conectadas en un tercer nivel, a 100.000.000 en un cuarto nivel, a 10.000.000.000 en un quinto nivel y a 1.000.000.000.000 en un sexto nivel. En seis pasos, y con las tecnologías disponibles, se podría enviar un mensaje a cualquier lugar individuo del planeta.

¿Podéis ver el poder de contacto de una red social? Sí, querido lector. LinkedIN es la mayor red social empresarial del mundo, un verdadero centro de negocios donde podemos llegar a cualquiera si sabemos cómo gestionar y tratar nuestra red. 200 Millones de usuarios con los que actuar.

4.2 Relaciones Win-to-Win

¡¡ Qué barbaridad ¡! Somos capaces de llegar a cualquier persona del mundo solo con seis saltos dentro de nuestra red. ¡¡ Qué poder tenemos !!

Por cultura tradicional, hemos tenido el convencimiento de que en toda relación empresarial alguien tiene que perder para que otro gane. Incluso algunas veces aceptamos que ése que debe perder seamos nosotros. Son las relaciones gano-pierdes.

Este principio de "todo blanco o todo negro" se basa en relaciones de poder, en la posición, nunca en los principios. Se entiende que como no hay suficiente para todos, si yo consigo lo que quiero tu no puedes conseguirlo. Ya lo tengo yo.

Pero en las relaciones Win-to-Win el concepto varía. Sólo existirá trato si ambas partes consiguen su objetivo, que no es otro que ganar. Ya no son relaciones de poder, sino de compromiso, de confianza, de principios en general.

Parece un término fácil de aplicar. Aún así, lo cierto es que nuestras redes no crecen como esperamos. Encontramos problemas, existen redes donde no nos dejan entrar, gente que no quiere conectarse a nosotros, gente que no nos conoce, …¿qué está pasando?.

Pongamos un ejemplo claro.

Supongamos que queremos pertenecer al más prestigioso Club de Golf de nuestra ciudad. Desgraciadamente, no conocemos a nadie dentro del club, y tampoco tenemos la suficiente capacidad económica como para "comprar" el acceso a dicho club. Tranquilo, estamos a tan solo seis pasos.

Nuestra primera opción es ir al club, hablar con el director, y pedirle que queremos entrar dentro de dicho club, porque sabes que dentro hay mucha gente influyente que puede ayudarte tanto en tu vida profesional como personal. Allí se encuentra lo mejor de la ciudad y sería un espaldarazo muy importante para tu carrera y tu empresa.

Además, como poseo varios masters, una familia acomodada y gozo de buena reputación, deben aceptarme.

La conversación con el director lleva un mensaje claro y directo. Soy muy bueno y si entro, me haré mucho más bueno y ganaré mucho más dinero.

¿Cuál cree que va a ser la respuesta del director? Sí, la que está pensando. No hay acceso. Sólo se puede entrar en el club si viene usted recomendado por alguien o "compra" con dinero el acceso al club. Nos encontramos con una barrera. No nos quieren.

Pero, ¿qué ha pasado? Si yo soy de lo mejor de la ciudad … ¿Cómo me han rechazado? ¿Cómo puede ser que no me quieran? Querido lector, estamos creando una relación donde solo una de las partes gana. Sólo la persona que quiere entrar en el club gana. ¿Hemos ofrecido algo? No.

Cambiemos la conversación y creemos una relación Win-to-Win

Mantenemos una reunión con el director donde le ofrecemos los servicios de nuestra empresa, que se encarga de organizar eventos, y que es la mejor de la ciudad, para todos los socios. Además, vamos a organizar un evento gratuito para el club de medio día donde podremos mostrar, sin compromiso, lo que sabemos hacer. Además, el evento anual del club, que reúne a todas las familias de los asociados, lo realizaremos sin coste. Pero a cambio, nos gustaría poder participar en el club, ser miembros del mismo.

¿Cuál será la respuesta? Posiblemente, se convierta en un nuevo miembro del club, y en breve pueda abrir y hacer crecer su red de manera exponencial.

En este caso, tenemos una relación Win-to-Win. Todos ganan. Gana el director, que mejora sus resultados financieros con un menor coste, ganamos nosotros, que queremos pertenecer al club para incrementar nuestra red, gana la red, porque recibe un nuevo miembro y nuevos servicios, …

Esto, que nos parece tan obvio, y que pensaremos que es fruto de una negociación comercial, en el mundo de las redes sociales no era tan extendido. De hecho, lo normal es que existiera el proteccionismo entre las empresas con sus empleados. Aún todavía hay empresas que no permiten a sus empleados relacionarse con otros miembros de la competencia, por temor a que se vayan o compartan información.

Piense siempre que es necesario dar para poder recibir algo a cambio. Éste es el principio que debe manteneros en las redes sociales.

En el mundo empresarial este tipo de relaciones de win-to-win

4.3 LinkedIN es la mayor red Win-to-Win de mercado

Como he anticipado anteriormente, LinkedIN es la mayor red social profesional del mundo.

Y como personas de negocios, ya debemos saber que las relaciones son siempre fructíferas cuando ambas partes siempre tienen algo que ganar.

Tenemos que mantener el principio de Win-to-Win a la hora de participar en la red.

Cuando queramos invitar a alguien a pertenecer a nuestra red, piense en qué puede obtener esa persona de nosotros. ¿Por qué va a estar interesado en añadirse a nuestra red? Analice el perfil de la persona con la que quiere conectar y ofrézcale algo. Estoy seguro que tenemos sinergias profesionales con muchas más personas de las que creemos.

No es una buena práctica directamente pedir. Contacto con alguien, que no conozco de nada, y le pido ¿trabajo? Pero ... ¿por qué me lo va a dar? ¿Qué me hace especial? Posiblemente debemos intentar al arranque ofrecerle que somos un buen candidato para hacerles ganar mucho dinero o para reorganizar su empresa. Igual podemos ofrecernos simplemente como colaborar gratuito. O podemos ayudarle a buscar un perfil. Seguro que de ese modo, con un "algo a cambio", esa persona gustosamente nos añadirá a sus contactos.

A nivel empresarial sucede lo mismo. Las redes de colaboración empresarial, el networking, enriquecen enormemente cada miembro de la estructura. Anímese a compartir en su página de empresa en LinkedIN sus nuevos productos, comente como actividad las relaciones con sus nuevos clientes, recomiende el trabajo que realizan sus competidores, anímese a colaborar con ellos. Creando lazos donde ambos ganamos, sus contactos, sus confianzas, sus relaciones y seguramente sus ventas crecerán rápidamente.

Y no olvide el poder de los grupos. Pertenezca a grupos de su competencia. No tema en comentar sobre el trabajo de ellos, y ofrezca su conocimiento. Seguramente en un futuro no muy lejano recogerá grandes beneficios de esa relación donde todos ganan. Sí, sé que suena raro, que es una pérdida de poder, pero recuerde, los principios sobre los que debemos movernos son la confianza y el beneficio mutuo, no el simple poder.

4.4 Es tu turno. Da para recibir

Permítame terminar con un acrónimo con la palabra "WIN":

- ✓ **W**hat does the ideal state look like?
- ✓ **I**nclude others´ needs in your goals
- ✓ **N**ever be too stubborn to compromiso

Traducido al español, serían algo como:

- Cuál sería el estado de la situación en el que todos estuvieran felices
- Incluye a otros en tus objetivos
- Nunca subestimes el poder del compromiso

Recuerde, olvidemos las relaciones donde solo uno gana y aplique las relaciones Win-to-Win a todos los ámbitos de su vida, a todas la redes a las que pertenece.

Francisco Manuel Rosado, Madrid, España, 21 Diciembre 2012

CAPÍTULO 5

Por Javier Carvajal Azcona

Por Javier Carvajal Azcona
http://www.linkedin.com/in/javiercarvajal/es

Por Felipe Calvo Herrero
http://es.linkedin.com/in/felipecalvocoachbarcelona/es

Felipe Calvo es Ingeniero Superior de Telecomunicaciones por la Universidad Politécnica de Cataluña y Máster en Gestión y Dirección de Empresa por la misma Universidad.

Cuenta con más de 15 años de experiencia en el sector de las telecomunicaciones y con cuatro años como coach y consultor en áreas comerciales.

En el sector de las telecomunicaciones desarrolla su actividad principalmente en AUNA y ONO. Empezó como KAM, paso a la gestión de equipos al poco tiempo, y posteriormente se responsabilizó de la gestión de los equipos de Venta Directa en el segundo operador de telecomunicaciones de España. Durante esta etapa desarrollaba una actividad orientada a asegurar la consecución de objetivos de venta e ingresos desarrollando políticas de mejora de eficiencia comercial en los equipos comerciales. Dada su experiencia ha adquirido un profundo conocimiento en la definición y desarrollo de planes comerciales, diseño de políticas de seguimiento, soporte a la gestión de equipos.

En el 2009, decide un cambio en su carrera. Es entonces cuando realiza los estudios de coaching y PNL lo que le permite realizar procesos de coaching a ejecutivos y con especialización en perfiles comerciales.

Posteriormente crea VIRA Consultores donde, como coach y consultor, ayuda a las empresas a dinamizar su gestión empresarial e incrementar sus resultados de negocio.

VIRA Consultores, es una empresa de consultoría especializada en el desarrollo de unidades comerciales orientándolas a optimizar la relación empresa-cliente-colaboradores. Nuestra acción consultiva está basada en tres grandes conceptos: Personas, Metodología de Trabajo y Uso de las Nuevas Tecnologías.

Desde el 2010 también es profesor asociado en la Universidad Politécnica de Cataluña

Javier Carvajal

Director Experimentado. Experto en Eficiencia y Liderazgo. Especialista en Procesos y Estrategia de Negocio. ¿Lo vemos?

Madrid y alrededores, España | Servicios y tecnología de la información

Actual	Cadex Technology, VIRA Consultores, Spanish Leadership
Anterior	VOICEWARE, ONO, Auna
Educación	European Foundation for Quality Management - EFQM

500+ contactos

Español ▾ · es.linkedin.com/in/javiercarvajal/es · Información de contacto

---

Javier es Ingeniero Técnico de Telecomunicación por la Universidad Politécnica de Madrid. Le avala una extensa trayectoria profesional de más de 30 años en la industria de las telecomunicaciones, nacional e internacional. Comenzó su Carrera profesional en el ámbito de la ingeniería diseñando e implantando proyectos de redes de comunicaciones para RENFE, FEVE, Ferrocarriles de la Generalitat y Metro de Madrid.

Participó en el desarrollo y la implantación de los primeros proyectos de redes de comunicación tren-tierra para RENFE y Metro de Madrid. Posteriormente desarrolló actividades vinculadas al mantenimiento de sistemas de telecomunicación, formación de equipos de mantenimiento, y participó en el diseño, desarrollo y puesta en marcha del billete único en las redes de transporte de la ciudad de Madrid, desde donde pasa a desarrollar su actividad profesional en el Operador de Telecomunicaciones nacional.

Se vincula posteriormente con fabricantes multinacionales de Sistemas de Comunicaciones en los que desarrolla responsabilidades de gestión comercial en el sector de utilities. Ha participado en la apertura del Mercado de los Operadores de Telecomunicación en España desde su inicio, primero desde la óptica del fabricante de sistemas de comunicaciones y, posteriormente, en varios Operadores de Telecomunicación en España, en los que ha desempeñado responsabilidades de gestión, en áreas operativas de soporte, implantación y comerciales.

Completada su formación en el ámbito Humanista, en Ventas y en Calidad.

Desde 2009 desarrolla actividad empresarial en empresas en las que participa. **VIRA Consultores**, empresa de consultoría estratégica y de negocio, especializada en eficiencia y en crear y desarrollar unidades comerciales, y **Cadex Technology**, empresa especializada en llevar a la nube la infraestructura de producción y trabajo de la empresas, BYOD y Seguridad.

5.   Innovación es condición sine-qua-non para el buen gestor

Vivimos tiempos exponenciales:

- El top 10 de trabajos demandados en 2012 no existían en 2007.
- Los estudiantes de hoy en día habrán pasado por 14 puestos de trabajo cuando tengan 38 años.
- 1 de cada 4 trabajadores permanecerá en su actual trabajo menos de un año; 1 de cada 2 menos de 5 años.

Vivimos en un mundo hiperconectado, globalizado, tremendamente competitivo, en el que ya no hay ciclos, sino impactos y cambios inmediatos.

Somos conscientes de los tiempos convulsos que vivimos, somos conscientes de que afectan a nuestros resultados, somos conscientes de la necesidad de adaptarnos. Y el tiempo pasa cada vez más deprisa.

Las fórmulas de gestión no satisfacen las necesidades de hoy en día.

"El progreso consiste en renovarse" (Sic Miguel de Unamuno). Renovarse, significado literal de innovarse.

Renovación continua vs Innovación continua. Es tiempo de cambio: TIME to CHANGE!

En este capítulo analizamos cómo la **gestión directiva** debe también adaptarse al cambio.

Proponemos hacer el análisis en estos cuatro pasos:

1. Funciones de la gestión directiva
2. Cómo hoy en día se ejecuta la gestión directiva
3. Cómo puede utilizarse la innovación
4. Aplicación de la innovación en la gestión directiva: LinkedIn como herramienta

5.1   Funciones de la gestión directiva

- **Planificar**. Pensar, cual es el camino a seguir y cómo lo haremos. Establecer objetivos, estrategia, campañas, lanzamientos de producto, …

- **Crear** la organización necesaria para realizar lo planificado. Organizar todos los recursos materiales y las personas en equipos que permitan la máxima eficiencia. No sólo los grupos necesarios sino definir también cómo han de relacionarse.

- **Liderar** la ejecución, hacer que esos recursos y las personas de la organización se pongan en marcha. Quién hace qué y cómo.

- **Asegurar el resultado**. Definir los indicadores y el valor del objetivo. Su seguimiento permitirá reaccionar, a tiempo, cuando las cosas no vayan según lo planificado.

Así las cosas pueden funcionar, pero falta un condimento esencial para que funcionen bien: la innovación.

La situación actual de mercado ha cambiado el entorno de managers, ejecutivos y directivos en todos los sectores y en todas las empresas. El mercado se ha modificado, en el mejor de los casos tan sólo se ha reducido. Lo habitual es que haya desaparecido o que se hay movido de tal manera que ya no tiene nada que ver con el que era hace unos años.

5.2 Ejecución actual de la gestión directiva

En la situación actual de mercado, si aplicamos las funciones anteriores encontramos lo siguiente:

- **Planificar**. ¿Qué vamos a planificar? ¿Quiénes son nuestros clientes? ¿Dónde están? Si lo hacemos igual que lo estábamos haciendo estaremos planificando sobre algo que no es la realidad.

- **Crear**. Nos encontramos con organizaciones con "historia" en las que, en muchos casos, no se ha cuestionado el porqué de las mismas. Además, continúan siendo organizaciones que miran hacia dentro y no hacia el mercado, hacia el cliente.

- **Liderar**. Formamos parte de organizaciones en las que se manda y se ordena, no se lidera. Se gestiona por poder, no por autoridad.

- **Asegurar el resultado**. Si no poseemos indicadores adecuados para seguir la operación de nuestro negocio y los seguimos, ocurrirá que cuando nos demos cuenta de que las cosas no van según lo planeado, simplemente será tarde para reaccionar.

Aquí es donde la innovación se debe aplicar, en la base de todas las funciones que analizamos.

5.3 Gestión directiva con innovación

Algunos ejemplos de uso de innovación para realizar dichas funciones:

- **Planificar**: Las redes sociales pueden y deben ser un aliado en este sentido. Las bases de datos clásicas no proporcionan hoy la información adecuada.

Hoy en día tenemos que ser muy precisos en el tiro, no nos podemos permitir "disparar a bulto" o "a todo lo que se mueve", tenemos que ser muy selectivos.

- **Crear** organizaciones flexibles en las que cada persona aporte valor y ocupe una posición en función del valor que aporta. Y no solo eso, sino que en función del proyecto o proyectos en los que participa, puede ocupar diferentes posiciones.

Las redes sociales permiten disponer de expertos dentro de las organizaciones y/o contratar expertos para proyectos específicos.

- **Liderar**: Conseguir que el resto de las personas de la organización crean en el proyecto, les motive, vean su aportación de valor y vean recompensado su esfuerzo en la construcción del mismo.

- **Asegurar el resultado**: Utilizando herramientas adecuadas, en propiedad o en modo servicio, en los sistemas de la empresa o en la nube, es posible efectuar el seguimiento on-line de la evolución del negocio, con la posibilidad de agregar o desagregar la visión, a fin de facilitar a cada componente del equipo los datos que necesita para conocer su estado, sus tiempos y su impacto en el resultado, independientemente de la posición que ocupe en la organización.

5.4   Gestión directiva con LinkedIn

Entre las herramientas existentes, destaca LinkedIn. Por su orientación profesional, su atractivo, su nivel de actividad, la fiabilidad de su información, y su capacidad de generar negocio.

Mostramos seguidamente algunas de las posibilidades en que LinkedIn puede ayudar a gestionar un negocio, en cada una de las etapas tratadas durante este capítulo.

- **Planificar**: LinkedIn permite hacer búsquedas selectivas sobre sectores de mercado, empresas y perfiles establecidos como target de nuestros productos y/o servicios, así como sobre los ámbitos geográficos de influencia.
  - Con esta información podremos crear una base de datos actual con todas las empresas y contactos, y la información de valor asociada, que sea realmente útil para generar oportunidades de negocio.

- **Crear**. En LinkedIn podemos encontrar conocimiento "profesional" no disponible en la organización y notablemente útil para el desarrollo de la misma. También es una ayuda para organizarlo y ponerlo a disposición de toda la organización.
  - De esta forma, tanto la organización como las personas de la organización se benefician de la adquisición de conocimiento, incrementando su valor, generando nueva innovación, convirtiendo a la organización en un "motor" de innovación continua.

- **Liderar**. Liderar es lograr que otros realicen su actividad, cumplan su función, y aporten valor a la organización y a los clientes. LinkedIn es un escaparate, un lugar para llamar la atención, dónde las personas puede mostrar su conocimiento, sus habilidades y experiencia a su red personal y a la red de la empresa.
  - Así, se consiguen dos objetivos: que las personas aporten valor y conocimiento, y que las empresas den a conocer todo lo que son capaces hacer.

- **Asegurar el resultado**. LinkedIn proporciona herramientas para conocer como es la "topología" de la red. Podremos preguntarnos si es la que queremos tener por sector,

por territorio, por funciones, … Pero, sea cual sea el resultado, está mostrando los clientes y el mercado potencial, completando así la base de datos con información.
- Ahora en los sistemas internos tendremos todos los datos de nuestros clientes. Es decir, dispondremos de toda la información relevante de los clientes y del mercado.

Tendremos a nuestro alcance todos los contactos que interesan para conseguir oportunidades. Pero realmente tenemos mucho más, tenemos a nuestros clientes.

Pero esto, ¿qué relevancia tiene? Los clientes satisfechos estarán dispuestos a recomendar nuestros productos y servicios en LinkedIn, y esto lo "oirán" los clientes potenciales. Es decir, contamos con un "boca-oreja" a lo grande.

En suma, vemos que "El Gestor" debe liderar la innovación y debe construir organizaciones con una capacidad natural de adaptación a cambios. Estamos convencidos que habrá pocas personas que no estén de acuerdo con ello. ¿Y tú querido lector?

Ahora bien, aquí no estamos hablando de innovación empresarial. Nos referimos a la Actitud Innovadora de las personas, que debe formar parte esencial de la personalidad de los Líderes, como contribución fundamental hacia ellos mismos, hacia las organizaciones que lideran y hacia la propia sociedad.

Está en cuestión la forma de actuar tradicional: seguir actuando como lo hemos venido haciendo siempre, seguir gestionando como hemos gestionado siempre. Hoy más que nunca a consecuencia de la situación económica.

Cada vez somos más conscientes de que la colaboración, el trabajo en grupo y la comunicación en las organizaciones, están marcando las líneas a seguir. La colaboración entre profesionales y empresas, nos lleva directamente a la necesidad de tener que gestionar equipos de personas multidisciplinares, dispersos geográficamente, que usan las nuevas tecnologías y La Red para compartir ideas y documentos, para reunirse, para reportar, para medir sus avances, en definitiva, para desarrollar su trabajo y conseguir los resultados.

Es aquí donde el CEO toma de nuevo el protagonismo. Ahora bien, para ser verdaderamente el buen gestor que se espera sea, debe ser capaz de aplicar la innovación para conseguir, junto con su equipo, modificar definitivamente el centro de gravedad de la actividad empresarial, centrándolo en el cliente, en los procesos y en La Red.

Hacerlo, posibilitará explotar las capacidades de innovación del equipo y las suyas propias. Se convierte así la innovación en la condición sine-qua-non para potenciar su capacidad de actuación, que acelerará la toma de decisiones en un mundo en el que la velocidad de actuación es, no ya fundamental, sino básica.

¿Estamos preparados para ello? Personalmente creemos que sí, que lo estamos más que nunca. Tenemos el conocimiento, la experiencia, el talento y la energía necesarios para conseguirlo. Solo tenemos que comprometernos y hacerlo. ¿Linkedineamos?

TIME to CHANGE!

Javier Carvajal y Felipe Calvo, Madrid y Barcelona, España, 21 Diciembre 2012

CAPÍTULO 6

Por Rafael Villagrá Herrero
es.linkedin.com/in/villagraclimatizacioninteligen

BIOGRAFÍA

Rafa Villagrá

Lider en Climatizacion Inteligente 🍎,
Leadership 2.0 en Castilla y Leon 🍎, guru en
liderazgo 🍎 ¿Conectamos?

Valladolid y alrededores, España | Ingeniería industrial o
mecánica

Actual Representaciones Villagra Pesquera SL, ifuvi
aureo sl, CastillaLeonleadership.com

Anterior MÖWE DÜBEL, Lalwani SA

Educación POSGRADO, AUTOMATAS
PROGRAMABLES en UNVERSIDAD
CATOLICA DE AVILA

Mejora tu perfil   Editar ▾   **500+**
cortactos

Español ▾   es.linkedin.com/in/villagraclimatizacioninteligen   Información de contacto

Rafael Villagrá es Ingeniero, Máster en Energías Renovables y Posgrado en Automatización Industrial por la Universidad Católica de Ávila. MBA, Máster en Marketing, y Experto Internacional en Tecnologías del Hidrogeno en el Programa Europeo Leonardo da Vinci, con una amplísima experiencia en dirección de empresas y redes comerciales. Ha dirigido empresas en diferentes sectores, implementado y optimizando resultados. También ha ejercido de docente en áreas como liderazgo y planificación de estrategias.

Durante algunos años dirigió la expansión de la Empresa Lalwani, comercializadora de moda con las de 25 puntos de venta a lo largo del territorio Español.

Después dirigió la empresa Möwe Dübel, realizando y desarrollando el plan de franquicias.

Actualmente y desde el año 2000 es CEO y socio fundador de Rps Villagrá, empresa de ámbito nacional , Ifuvi Áureo, empresa de intermediación internacional, así como fundador de Valladolid leadership dedicada a la consultoría estratégica y comercial.

Tiene sólida experiencia en negociaciones de alto nivel en distintos países y sectores.

Tiene una visión estratégica y siempre busca maneras de agregar valor a la empresa o proyecto más allá de la función financiera.

De intelecto agudo, fino sentido del humor y con un gran sentido común.

Lo hace mejor que el resto gracias a su franqueza y estilo directo.

6. Siempre hay que estar en vanguardia con las nuevas tecnologías

Parece obvio que todos, en cualquier tema, intentemos estar a la última. Las vanguardias significan básicamente eso. En tecnología casi siempre estaremos en el penúltimo escalón, porque la investigación va muy por delante de lo que habitualmente usamos como vanguardia. Como aproximación a este contenido comencemos con algunas definiciones:

6.1. Que son las nuevas tecnologías

Según la RAE:

- **Nuevo,** en su 4 afección es: *Distinto o diferente de lo que antes había o se tenía aprendido.*
- **Tecnología** es: *el conjunto de conocimientos técnicos ordenados científicamente, que permiten diseñar y crear bienes y servicios, que facilitan la adaptación al medio ambiente y satisfacer tanto las necesidades esenciales como los deseos de las personas.*

Para **Patricia Villagrá** de 9 años, tecnología es: *todo lo que tiene que ver con la electricidad, se carga o se enchufa, desde un microondas, un ordenador, un Ipad o la TV.*

Imagino que 40 años atrás, se hubiera referido a cualquier artilugio mecánico, ya que nuestra generación -yo tengo 46- al contrario que la suya, es mixta: analógica de nacimiento y digital de formación forzada. Yo sigo escribiendo primero en papel, calculando a mano ayudado por una vieja calculadora citizen, aunque tenga a mi disposición programas que lo hacen directo. Está claro que necesito visualizar mis ideas de forma analógica.

Cuando hablamos de nuevas tecnologías, debemos pensar que no todo lo nuevo es bueno por el mero hecho de serlo, pero por contrario tampoco es malo simplemente porque es diferente a lo que estamos acostumbrados. Todos desarrollamos una resistencia al cambio, la mayoría de las veces directamente proporcional a nuestra destreza en ese campo.

A la hora de plantearnos la adopción de una nueva tecnología, hemos de tener claro cuál es nuestra estrategia, necesidad, puntos fuertes y débiles en nuestra gestión o campo de aplicación etc. Como dice el maestro Paco Jimena, de Nutetrinsa: *primero pensar y luego dar a la tecla.*

Vivíamos en un mundo sólido, pero ahora es líquido y nuestra supervivencia depende de nuestra capacidad de adaptación al medio que cambia a velocidades inimaginables.

Siguiendo la doctrina antes citada, en toda decisión, antes de adoptarla hemos de pensar:

6.2. Puntos a seguir antes de adoptar una nueva tecnología

1- **Cuál es nuestra necesidad concreta** y definirla por escrito

2- **En que porcentaje puede esta NT cubrir nuestra necesidad**. Como ejemplo, una experiencia propia: "Para un informático todo es posible". Hace años mientras dirigía una empresa de maquinaria, nuestro informático en plantilla ante cualquier petición, respondía: "es posible"; pero como resultado obtenía retrasos, caídas, alto coste y toda clase de inconvenientes. Finalmente llegamos a un acuerdo, yo le decía lo que quería, y respondía en qué porcentaje mi requerimiento podría hacerse barato, rápido y sin fallos.

3- Cuál es el coste de implantación, ¿es razonable?, ¿es amortizable? ¿en cuánto tiempo?

4- Cuál es el coste de la NO implantación, ¿puede retrasarnos con la competencia?

5- Nos proporciona alguna ventaja competitiva?

6- No aplicarla nos crea desventajas competitivas?

7- Hay que estar abierto a los cambios.

Actualmente, como responsables de empresas y a nivel personal, hemos de reflexionar y valorar cual es nuestro bien más valioso............ el tiempo. No lo podemos comprar, ni el nuestro ni el de aquellas personas de las cuales somos responsables a nivel profesional.

Si optimizamos nuestro tiempo podremos hacer más y mejor.

Yo tuve mi primer móvil, de maleta, pesaba mucho, y eso me daba una ventaja competitiva, ... por qué los demás no lo tenían; hoy no te da una ventaja competitiva pero si puede ser excluyente.

Todos tenemos cierta facilidad innata para ciertas cosas, y no tanta para otras. Hemos de potenciar esas virtudes y sobre todo trabajar muy duro para mejorar el resto, creando hábitos y esforzándonos día a día.

Las NT nos ayudan. En mi caso tengo cierta facilidad para la improvisación, pero me cuesta organizarme, por ello adquirí un nuevo hábito: organizar mi agenda diaria y semanal a última hora, fuera la que fuera. Ello me ha llevado algunos días en que volvía de viaje tarde, a pasar por la oficina para organizar mi agenda, fuera la hora que fuera. Esto me demostró que es duro crear un nuevo hábito.

Hoy, gracias a la *nube* puedo, incluso en tiempos muertos, organizar mi agenda y la de mi personal. Todo el mundo en mi oficina conoce mis previsiones en las próximas semanas, puedo comprobar la agenda de los comerciales. Optimizamos el tiempo y además es gratis.

Si comemos fuera solos, aprovecharemos el tiempo para realizar ese trabajo de oficina que de otra forma deberíamos hacer más tarde y así obtendremos tiempo para ir al gym, al cine, o jugar con nuestros hijos. ¿No os preguntáis como ciertas personas sacan tiempo para todo? Al parecer es así.

Yo no soy informático, sólo soy un usuario con mente abierta, que busco hacer mi día a día más fácil.

Trabajo en un entorno Mac, tengo Imac, IPhone e Ipad, (el portátil ya no lo necesito) y como recomendación comentaré aquellos programas que utilizo y me ayudan.

6.3. Programas recomendados

- Skype, fundamental para mantener contactos y realizar video conferencias. (yo lo llevo también en el móvil).
- Fonyou, te permite tener un segundo número de móvil, y llamar desde ese número vía voz sobre IP a infinidad de países con coste local, además de poder tener números virtuales en distintos países en los que actúes, de forma que la imagen que das es tener presencia no virtual sino física.
- Drop Box, cuenta gratuita o de pago, (recomiendo comprar el espacio suficiente para tener acceso para todos a la información que podamos necesitar), enlazado con Mac Dropany que nos permite que al realizar cualquier cambio automáticamente se modifique también en la *nube*.
- Con Docs To Go e iCloud asociado a nuestro Drop box, conseguiremos que los cambios que hagamos desde nuestra tableta o teléfono, se hagan a la inversa, en la nube y en el sobremesa o servidor, de esta forma evitaremos trabajar 2 veces.

Lógicamente existen programas similares para cualquier entorno, incluidas apps con gestores de redes sociales.

Además de poder llevar contigo aquellos programas, apps u hojas de cálculo que más usemos, agendas, contactos, notas, etc.

- Con lectores como Ibook, Kindle, Play Book, podemos llevar siempre con nosotros, además de libros, documentos pdf por revisar. Tengo más de 3.000 libros físicos y os puedo asegurar que el saber "si ocupa lugar". Por otro lado enciclopedias, diccionarios, libros técnicos, quedan obsoletos rápidamente y los formatos electrónicos son más fáciles de actualizar. La consulta online es más rápida, aunque yo sigo enamorado del olor y el tacto del papel.
-
- Y Linkedin, no me voy a extender sobre esta red ya que imagino que mis compañeros hablarán suficientemente sobre LK, pero si compartir algunas experiencias personales.

Todos tenemos relaciones sociales, es posible que no conozcamos a una persona en concreto, pero seguro que en el peor de los casos tenemos algún amigo que conoce a alguien que si lo conoce.

Independientemente de las teorías de Milgram y Travels, la actualización de Watts o del número de Dunban hemos de hacer crecer nuestra red, mantenerla y hacerlo bien.

Desde hace 3 años intermedio entre empresas españolas y Rusas, como podéis imaginar, esto se hace a través de contactos y relaciones. Y viajes........muchos. Establecer canales de este tipo significa mucho tiempo y mucho dinero.

Hace relativamente poco que comencé a trabajar con Linkedin, y en tiempo récord he establecido relación con algunos países de África y América, he conseguido buenos socios allí, además de aumentar mis contactos con países de la CEI.

Vaya por delante que soy defensor del contacto directo, que no hay que evitar ir a cerrar un negocio donde sea, (este verano estuve en Gandzasar, Armenia), pero Linkedin nos ayuda a establecer contactos por anticipado, sondear mercados, y ahorrar mucho tiempo y muchos cientos de miles.

Linkedin es eso y más, nos facilita el acceso a un mercado global, *que tengo y donde se necesita*. Nos da información de primera mano, con contactos que viven, trabajan y conocen su mercado, con los que puedo hablar e intercambiar información antes de emprender cualquier aventura, olvidándonos de organizaciones obsoletas tipo Icex, Excal, y demás parásitos que pagamos todos para recibir a cambio información atrasada y burocracia a mansalva.

No perdáis la perspectiva de que todo está ya inventado, los Cananeos antes ya de los Fenicios utilizaban ya el networking, siempre ha obtenido mejores resultados aquellos que han tenido y cuidado mejor a sus contactos, e esta forma tendremos más y más fiable información, mejor y más rápidas formas de llegar a contactar con quien realmente queremos y optimizar el tiempo.

Linkedin nos aporta una herramienta fantástica de poder gestionar mejor nuestra networking, y de hacerla crecer.

6.4.   Como consejos finales

Cuidad vuestros contactos. Escribir un par de mails al año como mínimo no quita mucho tiempo.

Manteneos al día en los grupos de interés.

Publicad en vuestro blog. Este es el escaparate donde además de encontrar el perfil de Linkedin, buscarán las personas que quieran contactaros, por aquello de que siempre es bueno tener una idea lo más clara posible de la persona con la que vas a hablar.

Para acabar con una nota de humor os propongo algunas citas:

Nunca confíes en un ordenador que no puedas lanzar por la ventana. -Steve Wosniak

Una vez un ordenador me venció jugando al ajedrez, pero no me opuso resistencia cuando pasamos al kick boxing. -Emo Phillips

El ordenador nació para resolver problemas que antes no existían. -Bill Gates

Los ordenadores son inútiles, solo pueden darte respuestas. -Pablo Picasso

Rafa Villagrá, Valladolid, España, 21 Diciembre 2012

CAPÍTULO 7

Por Idoia Izagirre

http://www.linkedin.com/in/idoiaizagirrecoachingeducacion

BIOGRAFÍA

Idoia Izaguirre Atutxa

Sought-after coach and leadership expert. 2.0. Founder of Basque Management Leadership.

Bilbao Area, Spain | Seguros

Actual	Basque Management Leadership, German Leadership, Seguros Lagun Aro
Anterior	Seguros Lagun Aro, Arrasate Sistemas, CPNOR
Educación	Experto en Desarrollo personal y Liderazgo Equipos, Liderazgo, coaching en Mondragón Unibertsitatea

Mejora tu perfil   Editar   ▼   500+ contactos

Inglés ▼ | in es.linkedin.com/in/idoiaizagirrecoachingeducacion   Información de contacto

Idoia estudió informática y después de 10 años ejerciendo como profesional en este campo y liderar proyectos de envergadura dio un giro a su carrera profesional liderando el proyecto de creación y despliegue del Contact Center de Seguros Lagun Aro, siendo éste reconocido a nivel estatal en diversas ocasiones, en esta etapa continuo su formación en Marketing y Comercial en la Universidad Oberta de Cataluña. Idoia es experta en Desarrollo Personal y Liderazgo de Equipos bajo el programa de Coaching Ontológico por la Universidad de Mondragón y Newfield Consulting, y en Desarrollo de Liderazgo y Gestión de personas por Otto Walter, también se ha formado como Coach en el Instituto Europeo de Coaching.

Idoia es la fundadora de Basque Management Leadership con el objetivo de aportar herramientas de liderazgo a CEOs y ejecutivos que contribuyan a crear y mantener empresas sostenibles, ya que cree firmemente en el potencial de las personas y cree los lideres hoy más que nunca tenemos que sacar nuestro potencial y el de nuestros equipos, y así alcanzar las metas que nos marquemos. También considera importante y prioritario crear un modelo educativo que obtenga lo mejor de los niños para que ese potencial se traslade posteriormente a las empresas, de ahí nace el proyecto Little People, Big Talents del que Idoia es co-creadora.

7. Humildad en reconocer tu retraso te hará aún más grande

"Estoy convencido que la primera prueba de un gran hombre consiste en la humildad". John Ruskin.

7.1 Mirando hacia dentro

Cuando era niña me encantaban los libros de ciencia-ficción, y hoy en diciembre del 2012 puedo ver y vivir con una tecnología que de niña me resultaba imposible pensar que pudiera ser una realidad. Isaac Asimov, al que tanto leía, tiene una frase que me encanta "La suerte favorece sólo a la mente preparada", y enlazo esta frase con lo que pretendo en este breve capitulo, invitarte a reflexionar, puedes anotar las respuestas de las preguntas que aparecen en el capítulo para profundizar en esta cuestión, sólo te pido una cosa, no es posible responder "no sé", yo también creo que podemos alinear nuestra mente a la suerte, veremos qué piensas tú al final del capítulo.

¿Te consideras afortunado o afortunada? ¿Existe la suerte? ¿Si pudieras hacer algo para ser una persona afortunada que es lo que harías?

En un momento como el actual, en plena crisis financiera pero sobre todo de valores, tenemos la fantástica oportunidad de reinventarnos, de revisar nuestras creencias y valores, de definir como queremos ser y poder actuar en consecuencia, es una oportunidad para parar y renacer. Si analizamos la historia podemos observar como los grandes imperios se hundieron por olvidar la humildad, es posible que conozcas a alguna persona que estos últimos años "ha caído" de su imperio, la buena noticia es que es posible levantarse, reconstruirse y evolucionar.

Las crisis también nos pueden mover a un espacio de oportunidades y tenemos que estar preparados para ver esas oportunidades y sobre todo para aprovecharlas, no es suficiente con verlas, si no hay acción no hay resultado, y es en este punto donde la humildad es un valor.

¿Qué lees habitualmente? ¿Qué tipo de información te nutre? ¿Cuánto tiempo de tus conversaciones dedicas a hablar de lo mal que están las empresas, el gobierno...? ¿Y si dedicaras parte de tu tiempo a nutrirte de lo que funciona? ¿Y si hablaras de lo que va bien? ¿Cuánto tiempo puedes estar sin hablar de algo negativo, tuyo o de tu entorno?

Imagina que estamos subiendo por una gran escalera de caracol, y nos paramos en la primera planta, sabemos cómo subir a la segunda, a la tercera, y a la última planta, conocemos la altura que tenemos entre peldaño y peldaño, la anchura de una barandilla a la otra y de repente se apaga la luz, tiembla el suelo y la escalera se mueve. Vaya, con lo bien que estábamos subiendo, teníamos un plan fantástico para subir hasta el último piso y ahora ¿qué hacemos?

Nos hemos quedado sin luz, el plan que teníamos no nos sirve ya que los peldaños y la barandilla se han movido y han cambiado de posición, hay zonas peligrosas, vamos a intentar seguir, me tropiezo, no veo nada, ¿cuándo encenderán la luz? espero, grito "enciendan la luz", me siento, me duermo, no hay opción ni salida, cada vez que lo intento me caigo y las piernas me duelen, seguiré gritando.

De vez en cuando parece que alguien sube, y dice que hay opciones, y pienso, ya parará cuando le duelan las piernas como a mí.

¿Te suena? ¿Te resuena? ¿Cómo escuchas cuando no ves opciones? ¿Cómo escuchas cuándo esperas que otros (el gobierno, el jefe, etc.) enciendan la luz? ¿Sabes gestionar tus miedos? ¿Eres consciente de tus bloqueos?

7.2   Mirando hacia afuera

Si hablamos de oportunidades, tenemos una y es Linkedin, la mayor inteligencia de negocios del mundo, y aun suponiendo que estuviéramos de acuerdo que Linkedin fuera una gran oportunidad, nos podemos encontrar con las excusas del tipo "yo no sé de esto", "me siento mayor para empezar a enredar ahí", "no voy a poder sacarle partido", "ya me di de alta y no he conseguido resultados", seguro que se te ocurre alguna más.

Y es aquí donde la humildad es un valor importante, es positivo reconocer lo que no sabemos pero también es importante ser valiente y avanzar hacia las oportunidades.

Si volvemos a la metáfora de la escalera, el poder escuchar a los que suben y nos dicen que es posible avanzar es fundamental, pero no les creemos, pensamos que son más jóvenes, o quizá pensamos que saben escalar mientras nosotros no, excusas y más excusas. También puede ocurrir lo contrario, yo sé más que éste que sube, tengo muchísima experiencia, y sé que no se puede subir, ahora me va a decir este niño como tengo que hacer las cosas. Sea una opción u otra, ante una novedad podemos preguntarnos, mi actitud ante esta nueva puerta ¿me cierra o me abre posibilidades? Si estamos de acuerdo en que Linkedin es una oportunidad, el avanzar en esta línea ¿te abre o te cierre posibilidades?

Si analizamos la situación, tenemos que darnos cuenta que desde la posición de víctima no podemos avanzar, si esperamos que otros (gobierno, empresa, jefe, etc.) sean nuestros salvadores y los que enciendan la luz ya nos podemos ir acomodando, ¿quién es el protagonista de tu vida?, ¿el gobierno, la empresa, el jefe? y de ser así, ¿cuál es tu papel, el de actor secundario, ayudante de cámara?, si quieres ser el protagonista de tu vida tendrás que pasar a la acción, estar atento a las oportunidades, valorar lo que te abre o cierra posibilidades y avanzar.

Cuando queremos tener un resultado distinto podemos hacer dos cosas:

1. Cambiar las acciones, si queremos tener resultados distintos tenemos que hacer cosas distintas. En la metáfora de la escalera podemos subir a gatas por ejemplo, es una forma distinta a la habitual y nos puede dar un resultado distinto.

2. Cambiar la forma de ver las cosas, este es un cambio interno y más profundo que el primero. Se trata de cambiar nuestro observador, se trata de cambiar la forma en la que miramos al mundo teniendo en cuenta nuestras creencias, modelos mentales, cultura, vivencias, educación, etc., todo lo anterior nos influye y nos lleva actuar de una forma concreta. Este cambio es clave para solucionar un problema, superar una crisis, salir de un bloqueo, ya que cambiando la forma de ver las cosas todo cambia y desde ahí podemos encontrar nuevas opciones. En la metáfora de la escalera quizá tengamos que buscar un aliado aunque vaya en contra de nuestras creencias, o quizá

tengamos que gestionar el miedo que nos paraliza y conocer lo que nos ocurre con el miedo y porqué reaccionamos como reaccionamos y una vez que conocemos lo que nos paraliza podemos trabajar en sacar lo mejor de nosotros mismos.

¿Qué te está limitando para obtener resultados distintos? ¿Qué puedes potenciar para avanzar hacia tu meta?

En ambos casos necesitamos ser humildes, reconocer donde estamos, escuchar al otro, ya que el hecho de que sea más joven, inexperto, o la etiqueta que queramos ponerle son nuestros juicios, y estos juicios hablan más de nosotros mismos que del otro, escuchar con humildad e inteligencia nos permite avanzar ante una oportunidad que nos abre posibilidades.

Las leyes de la selección natural nos dicen que no sobreviven las especies más fuertes, ni siquiera las más inteligentes, sobreviven las especies que encuentran su oportunidad y se adaptan a los cambios, las que saben innovar, relacionarse, cooperar y son flexibles. ¿Quieres sobrevivir a la crisis? ¿Cuál es tu plan? ¿Qué oportunidades piensas aprovechar?

Volviendo a la oportunidad "Linkedin" te puedes preguntar ¿Para qué estar en Linkedin?

.- Linkedin te permite mostrar tu curriculum 365 días al año las 24 horas del día, en Linkedin tú eres tu marca y cualquier persona tiene la oportunidad de verte y acceder a ti.

.- Linkedin te permite relacionarte con otros profesionales, ampliar y mantener una buena red de contactos, buscar personas, conocer a las personas que han visto tu perfil, quien conoce a quien, etc.

.- Linkedin permite a tu red de contactos recomendarte y esto eleva tu perfil profesional porque generas confianza.

.- Linkedin te ofrece acceso a grupos profesionales de discusión donde podrás enriquecerte del conocimiento de grandes profesionales y aportar ideas, esto te permite estar al día de los temas que te interesan. Y además también tú puedes crear tu propio grupo de discusión y convertirte en un líder influyente.

.- Linkedin te permite compartir tu blog con todos o algunos de tus grupos, lo que permite dar a conocer tu blog y generar un importante tráfico hacia el mismo.

.- Linkedin te permite mejorar tu posicionamiento en Google, ya que los enlaces que colocas en Linkedin tienen un posicionamiento superior a los que puedes colocar en otras redes.

.- Linkedin te permite hacer negocios, dar de alta tu empresa, ofrecer desde una plataforma mundial tus productos y servicios, lo que sin duda abre opciones a la empresa, sea pequeña, mediana o grande, Linkedin te acerca al mundo, te permite hacer cosas que de otra forma o través de una Web no serían posibles.

En resumen, Linkedin te permite crecer profesionalmente, crear proyectos con grandes profesionales, contactar con personas que de otra forma, no quiero decir que sería imposible pero sí muy difícil. Recuerda el mundo ha cambiado y seguirá cambiando, los viejos patrones no nos sirven, para obtener resultados diferentes y llegar a cumplir nuestras metas tenemos que pensar, educar y liderar de forma diferente.

7.3   Tú decides, la suerte también puede estar contigo

¿Qué puedes aportar para que la situación mejore? Pasa a ser el protagonista de tu vida, tienes una herramienta que te puede ayudar, estoy convencida que la clave está en las personas, en sacar nuestro potencial, en poner todos y cada uno de nosotros nuestro granito de arena, ¿te animas? tú también eres imprescindible.

No importa que llegues tarde, que pienses que no sabes o sabes mucho, que eso es para otro tipo de empresas, esto es un juicio, una opinión tuya, tarde, pronto, lo importante es que estés, que avances y que aproveches las oportunidades, en este caso hay personas que dominan el sistema como Jorge Zuazola, que te pueden guiar y ayudar a conseguir tus objetivos.

Si has realizado el ejercicio de responder a las preguntas de este capítulo, y te animas a ser el protagonista de tu vida, ya estas preparando tu mente para la suerte como decía Isaac Asimov.

Gracias a LinkedIn conozco a Jorge Zuazola, y gracias a Jorge estoy aquí, hoy y ahora escribiendo el capítulo de un maravilloso libro, ¿nos vemos en Linkedin?

Idoia Izaguirre, Bilbao, España, 21 Diciembre 2012

CAPÍTULO 8

Por Carlos Puig Sagi-Vela
http://www.linkedin.com/in/carlospuigfinancefreedom/es

BIOGRAFÍA

Carlos Puig Sagi-Vela

Sought after CEO. Entrepreneur.Expert in making things happen with passion. Can you see it?

Madrid Area, Spain | Servicios y tecnología de la información

Actual	**Expert in new ideas generation** en **Spanish Leadership** **CEO, Owner, Managing Director** en **Nexus People** **MBA Professor** en **Universidad Pontificia Comillas**
Anterior	COO, CFO en Motorflash COO, Managing Partner en Altare Servicios Profesionales Director of Telecom sector: Telefónica Group companies. en Indra ver todo
Educación	Universidad Politécnica de Madrid Universidad Nacional de Educación a Distancia - U.N.E.D. Colegio Nuestra Señora del Recuerdo ver todo
Recomendaciones	30 personas han recomendado a Carlos
Contactos	500+ contactos

Carlos es fundador de **Nexus People** (empresa consultora de formación y selección), **Nexus4Trader** (dedicada al desarrollo de sistemas automáticos de trading) y **Deca Edge** (dedicada a la consultoría de desarrollo comercial y tecnológico).

Español de 48 años, **Ingeniero Industrial Superior** por la ETSII de la Universidad Politécnica de Madrid y Diplomado en Ciencias Económicas por la UNED.

Profesor del MBA y del Master de Recursos Humanos de ICADE (Universidad Pontificia de Comillas) desde 1991 hasta la actualidad.

Comenzó su carrera profesional como consultor en **Andersen Consulting.** Más adelante fue responsable de diferentes departamentos de organización, recursos humanos y sistemas en **Ferrovial, Adeslas, Grupo Santillana y Meta4.**

Fue director de consultoría de la empresa **EDB4tel**, filial de la telefónica noruega **Telenor.**

En **Indra** fue **Director del Grupo de Empresas de Telefónica.** Fue responsable de la coordinación del equipo de oferta de los grandes bloques de desarrollo y mantenimiento de aplicaciones que sacó a concurso Telefónica, en España y Latam, con una contratación total mayor a 180 M€ (contratos plurianuales).

Participó como socio y directivo del portal de automoción **www.motorflash.com**, triplicando el tráfico en internet, consiguiendo la contratación de nuevos clientes (Renault, Peugeot, etc.), y estableciendo valiosas alianzas para completar la oferta de servicios.

También fue miembro de la **red agencial de Bankinter** durante 4 años.

Posee un conocimiento profundo de los sectores y mercados de tecnología, software, consultoría, automoción, editorial, seguros, banca y construcción, en España y en Latam.

Ha vivido y trabajado en **Madrid, Barcelona, Sevilla, Vigo, Cádiz, Gerona, Chicago y Buenos Aires.** Es autor del blog **www.bookideasblog.com**

8. Lidera aquél que toma decisiones diarias y hace seguimiento de las mismas

El líder eficaz del siglo XXI, debe ser radical en tomar decisiones diarias continuas y, sobre todo, hacer seguimiento sobre las mismas. Cuando el futuro es incierto, como en la actualidad, y como le ocurre a cualquier líder, nos cuesta mucho actuar en el presente.

Ser un buen líder implica ser capaz de liderarnos a nosotros mismos, y aplicar a continuación los mismos principios del liderazgo a nuestro equipo de personas.

Extraigo del excelente libro de Peter Bregman "18' Encuentre su foco, controle las distracciones y consiga hacer lo realmente importante", los siguientes comportamientos y hábitos, que pueden contribuir sin duda a ser un buen líder, tanto en nuestra vida profesional como personal. Podría ser la base de un método de **"gestión diaria del tiempo para el liderazgo".**

8.1. Especifique objetivos

Especifique 5 objetivos importantes anuales, no más (ejemplos: lograr un número concreto de nuevos clientes o nueva facturación, aumentar el equipo de colaboradores, conseguir un nuevo trabajo, aprender francés o chino, estar más tiempo con la familia, etc.).

¿Por qué no más de 5 objetivos? Funciona. Abarcan la mayor parte de lo que uno desea hacer, y no agobian. Si prefiere concentrarse en tres, no hay problema mientras le funcione.

Estos objetivos no tienen por qué ser metas cuantificables, sino ámbitos a los que deseamos dedicar el tiempo durante el año

El problema con la gran mayoría de los sistemas para gestionar el tiempo es que no resuelven el problema de fondo: se limitan a plantear cómo hacerlo todo en menos tiempo. Pero es un error, porque es imposible hacerlo todo sin acabar desesperado, agotado y desbordado. Y está claro que un líder agotado y desbordado no puede inspirar ni guiar a su equipo.

Cuanto tenga claro esas cinco áreas u objetivos anuales, decida las áreas o actividades a las que no desea dedicar tiempo, y sea claro y radical, aunque ello suponga deshacerse de algo que en el pasado fue importante para usted.

Comprométase a dedicar el 95% de su tiempo a esos cinco objetivos anuales. Cuando surja un conflicto entre varios objetivos, decida dedicar el tiempo en ese momento al objetivo al que haya prestado menos atención en las últimas semanas.

Recuerde, si quiere conseguir algo importante, elíjalo como objetivo, y ponga el foco en ello.

8.2. Planifique cada día. Decida qué hacer

Como inevitablemente surgirán obstáculos y distracciones, debe planificar cada día, especificando tareas concretas para ese día que encajen en alguno de los cinco objetivos anuales. Si no encajan en ninguna, puede pasarlos al objetivo genérico (resto 5%), que nunca debería llevarnos más del 5% de nuestro tiempo.

Es importante que ubique cada tarea en uno de los objetivos anuales. La única forma de avanzar en sus prioridades anuales es dedicándole tiempo cada día. A continuación se muestra un ejemplo con 3 objetivos profesionales y 2 personales:

Ocuparse de los clientes actuales	**Conseguir nuevos clientes**
• Llamar a Pedro para reunirnos. • Confeccionar un informe detallado para incluirlo en la oferta a X. • Preparar el argumentario de venta del nuevo servicio Y para el cliente Z. • Organizar viaje para visitar al cliente H.	• Revisar contactos equipo de trabajo y resto de la empresa. • Reunión con cliente potencial Z. • Presentar oferta W. • Investigar sobre necesidades cliente C.
Desarrollar alianzas tecnológicas	**Más tiempo con familia y amigos**
• Llamar a Lucas para reunirnos. • Pedir la opinión de un experto para analizar un producto/herramienta de un posible socio. • Negociar el acuerdo con el socio K.	• Planear una cita con mi pareja. • Invitar a cenar a mi amigo David y su mujer. • Llamar a mi amiga Laura.
Divertirme y cuidarme	**5% restante**
• Sacar entradas para la Champions de fútbol. • Correr 5 Km.	• Cambiar el aceite del coche. • Comprar impresora nueva. • Revisar las facturas del mes. • Leer la prensa en internet.

De esta forma sabremos además cómo estamos tratando cada objetivo, qué importancia le estamos dando respecto a los demás, y qué hacemos para avanzar en cada uno de ellos.

8.3. Decida las tareas que no va a hacer cada día

Decida lo que **no** va a hacer cada día, o acote un período de tiempo concreto para ello (por ejemplo, revisar los correos electrónicos, leer la prensa en internet, etc.).

Pregúntese qué no le hace feliz, qué no es importante, y qué puede constituir un obstáculo o distracción, y añádalo sin piedad a la lista de actividades a las que **no** va a dedicar tiempo ese día.

8.4. Ubique en su agenda las tareas a realizar cada día

Coloque en su agenda del día, hora a hora, las tareas que ha decidido anteriormente. Coja el calendario y organícelas por franjas de tiempo, de manera que lo más complicado del día esté al principio (sí, justo antes de revisar el correo electrónico)-.

Sea flexible y reserve siempre algún tiempo para interrupciones e imprevistos, pero procure que no superen los 30 minutos al día.

Si quiere asegurarse de hacer algo, decida cuándo y dónde lo va a hacer.

8.5. Nunca deje nada en la lista de tareas durante más de 3 días

Nunca deje nada en la lista de tareas durante más de 3 días. Sólo será un obstáculo para lo que de verdad quiere hacer.

Con las tareas que queden pendientes de días anteriores tome una de las siguientes decisiones:

- La hace de inmediato. A veces lleva sólo 30 segundos o dos minutos, por lo tanto hágala cuanto antes si puede.
- La programa para una fecha concreta más adelante (puede ser dentro de 3 meses).
- La borra de la lista.
- La pasa a la lista de "algún día/quizá", cuando no tengo el valor de borrarlas. Se revisa la lista mensualmente, la realidad es que raramente se emprende alguna de esas tareas, y normalmente acaban siendo borradas.
- La pasa a la lista de espera, para todas las tareas que están pendientes y requieren seguimiento (reclamar la contestación de alguien, etc.). Asigne una fecha y un recordatorio a cada una de ellas.

8.6. Programe un aviso cada hora

Programe un aviso cada hora durante su jornada laboral (puede ser una alarma en el móvil o en el ordenador). Cuando lo escuche, me pregunto si mi última hora ha sido productiva, si he sido la persona que quiero ser, y pienso a qué voy a dedicar la próxima hora, siendo una excelente forma de seguir concentrado en hacer lo que me he propuesto hacer. Manténgase concentrado y tranquilo gracias a una interrupción cada hora. Puede usarlo también para su tiempo de ocio.

8.7. Pregúntese al final del día

Al final de cada día, observe su calendario y su lista de tareas y compare lo que de verdad ha hecho con lo que tenía planeado.

Hágase las siguientes preguntas, y conteste de forma detallada, preferiblemente por escrito:

- ¿Cómo ha ido el día?
- ¿En qué he tenido éxito?
- ¿Qué objetivos he alcanzado?
- ¿Qué ha aprendido hoy, sobre mí mismo o sobre los demás?
- ¿Qué piensa hacer, igual o diferente, mañana?
- ¿Con quién se ha relacionado?
- ¿Ha de poner a alguien al día?
- ¿Ha de agradecer algo a alguien?
- ¿Hacerle alguna pregunta?
- ¿Compartir alguna información?

Sólo necesitamos unos minutos para enviar un par de correos, para agradecer la amabilidad de alguien, hacerle alguna pregunta o mantenerle al corriente de algún proyecto. Esos minutos son clave para que mañana sea mejor que hoy.

8.8. Practique el ritual de planificación y seguimiento diario de 18 minutos (aprox.)

¿Cómo seguir un plan cuando hay tantas cosas que amenazan con desbaratarlo? El secreto es el ritual. Dedique todos los días 18 minutos a este ritual:

- **Paso 1** (5 minutos por la mañana). Planifique el día. Lea la lista de tareas que ha creado para cubrir los objetivos anuales y decida qué convertirá ese día en una jornada satisfactoria. ¿Qué puede hacer siendo realista para lograr el objetivo anual y acabar el día sintiendo que ha sido productivo y efectivo? Seleccione esas tareas y páselas a la agenda de ese día. Asegúrese de que cualquier tarea que haya estado en la lista durante más de 3 días tenga un espacio en el calendario o quede fuera de la lista.
- **Paso 2** (1 minuto cada hora, durante 8 horas). Programe una alarma horaria y cuando la oiga, respire hondo, y pregúntese si ha aprovechado la última hora. Consulte de nuevo la agenda y decida qué va a hacer durante la siguiente hora. Gestione el día hora tras hora, no deje que las horas le gestionen a usted.
- **Paso 3** (5 minutos al final del día). Evalúe el día con las preguntas anteriormente mencionadas en el punto 7. Envíe algún correo electrónico o haga algunas llamadas para asegurarse de que está en contacto con las personas adecuadas.

8.9. Controle las distracciones

La mayor tentación de posponer un proyecto o una actividad suele estar al principio. Algunos hábitos nos ayudan a vencer las distracciones y los obstáculos para cumplir con lo que queremos. A continuación se enuncian algunos de ellos, siendo útiles para cualquier líder:

- Cree un entorno que le facilite de forma natural lo que quiere hacer.
- Sólo tiene que estar motivado unos segundos que le permitan comenzar la actividad. Sepa cuándo es más vulnerable y sabrá cuándo debe estar alerta.
- Intente divertirse trabajando y liderando. La diversión motiva de por sí.
- Puede utilizar el miedo como catalizador para el cambio, pero ese cambio sólo se mantendrá si obtiene algún placer o beneficio de ello. Sólo con miedo no se consigue.
- Haga que la historia que explica de sí mismo le inspire para conseguir sus metas.
- Escoja siempre pensamientos que le ayuden a avanzar. Deseche las ideas negativas.
- Resístase a la tentación de decir sí demasiado a menudo. Diga no con firmeza.
- No espere demasiado para abordar un problema con alguien. Actúe.
- Permítase tiempo para distracciones productivas y relajantes.
- No haga varias cosas a la vez (asistir a una reunión y contestar mensajes, etc.). Es ineficaz, poco productivo, y en ocasiones peligroso.

8.10. Elija una cosa para poner en práctica y hágala

Todo empieza por una sola cosa. Elija una sola cosa para poner en práctica. No escriba un libro, escriba una página. Elija algo que, en su opinión, y dada su situación particular, le cambiará la vida. Elíjalo, y luego hágalo.

8.11. Anime a las personas de su equipo a practicar estos mismos hábitos

Reúna a su equipo de trabajo, y explíqueles los objetivos que se pretenden con estos comportamientos y rituales. Anímeles a que lo hagan de forma individual, y reserve un tiempo diario para comentar los avances. Observará como, poco a poco, su equipo funcionará de una manera mucho más coordinada, y sin duda usted será un líder mucho más eficaz.

8.12. Conclusión

Planifique con esmero todos los días. Organícelos según sus objetivos anuales. Use breves interrupciones que le ayuden a mantenerse concentrado. Ignore todo aquello que le distraiga. Use el calendario como guía para descartar tareas. Al final del día piense en lo que ha hecho y saque conclusiones. Transmítalo a su equipo. No hará cualquier cosa, sino sólo lo que quiere hacer, y conseguirá sus objetivos como persona y como líder.

<u>Y ante todo, sea líder de su propia vida.</u>

Carlos Puig Sagi-Vela, Madrid, 20 de diciembre de 2012.

CAPÍTULO 9

Por Eduardo Sanz Muñoz de las Navas

http://es.linkedin.com/in/eduardosanznetworkleadership

BIOGRAFÍA

Eduardo Sanz Muñoz de las Navas 1st

Sought after CEO. Entrepreneur.Team Management & Retail Leadership.Can you see it?

Spain | Management Consulting

Current — Iniciativa Vorpalina, Directivos en Acción, Spanish Leadership

Previous — MISAKO -Frag Comercio Internacional SL-, ETAM, Grupo textil multinacional

Education — IESE Business School - University of Navarra

500+
connections

English ▾ | es.linkedin.com/in/eduardosanznetworkleadership/en   Contact Info

Eduardo es P.D.D Executive Educación por IESE Business School –University of Navarra y tiene estudios de Derecho por la Universidad Complutense de Madrid. Le avala una larga trayectoria profesional de más de 20 años en empresas nacionales e internacionales liderando equipos de alto rendimiento.

Comenzó su carrera profesional en el sector de la restauración, posteriorrmente y después de su etapa en una multinacional de servicios da el salto al mundo del retail donde se convierte en uno de los profesionales más cotizados en el mercado español.

Su conocimiento abarca tanto la organización de las redes de ventas como el desarrollo de la estrategia de la marca gracias a su gran visión estratégica y su capacidad para gestionar equipos multisectoriales. A lo largo de su carrera ha desarrollado un modelo propio de gestión de equipos basado en la motivación, el compromiso y mentoring de las personas.

Una de sus grandes pasiones el deporte le ha ayudado a trasladar muchas de sus experiencias en este campo al mundo de la empresa con gran éxito .En la actualidad compagina su labor de consultor y coach con varios proyectos en los que participa como Iniciativa Vorpalina, Directivos en Acción y Retail Spanish Leadership.

9.   Españoles de todo el mundo triunfan en LinkedIn

9.1   ¿Qué está ocurriendo en el mundo de los negocios?

En un mundo en cambio continuo y donde lo que ayer era una práctica de éxito, hoy no sirve para triunfar en los negocios, existe un cada vez más numeroso grupo de profesionales españoles que han comprendido las nuevas reglas del juego y lideran el denominado *business intelligence network* en el mundo. Muchos de ellos lo hacen sin salir de España pero aprovechando al máximo la mayor herramienta que la red ya ha puesto al alcance de casi 200 millones de personas que están dispuestas a asumir el reto de liderar los negocios del nuevo milenio.

LinkedIn no es una red social para tener contacto con amigos o conocidos sino un generador continuo de nuevas oportunidades de negocio y relaciones profesionales que de valor para aquel que las sabe gestionar. Quienes lo han entendido así han decidido que no van a "estar en LinkedIn", ellos -los líderes del momento- van a "trabajar en LinkedIn". Mientras que muchos profesionales alegan la falta de tiempo para dedicarle a este potente generador de business intelligence network, ellos están generando valor y posicionándose en todo el mundo a cada momento.

Estar en un mercado de 200 millones de personas ya no puede ser una opción, es una obligación para todos aquellos profesionales que quieran desarrollar una carrera de éxito ¿Estar dentro o estar fuera?, parece una sencilla pregunta con solo 2 respuestas pero es algo más: es la decisión más importante que vas a tomar en toda tu carrera profesional y que marcara tus próximos años en activo.

No cometas el error de pensar que tú estás bien posicionado, que tú tienes una buena red de contactos tradicional o si eres empresario que tu mercado lo tienes controlado. En definitiva no caigas en la trampa de acomodarte y pensar "de momento no me hace falta dedicarle tiempo a esto". "Esto" es la manera de calificar o llamar a un tema que los españoles utilizamos cuando desconocemos realmente de que se trata o simplemente no manejamos con soltura. Recuerda y sobre todo se consciente de que cada hora y día que dejes pasar estarás un poco más lejos de ponerte en el camino del éxito y otros te aventajaran y te dejaran fuera del mercado.

Las relaciones que te harán alcanzarlo son las que construyas ahora. El centro de tu red eres tú y puedes liderarla para conseguir todos los objetivos que te propongas. Comienza a construirlas, cuidarlas, se generoso en todo momento y aplica el triángulo de oro de Jan Vermeiren (be.linkedin.com/in/janvermeiren/) (Give, Ask, Thanks) Da o comparte con otros información y conocimiento, pregunta y pide ayuda, rompe ese barrera mental que te impide desarrollar relaciones honestas. Hay mucha gente dispuesta a dártela y agradecer a los demás el tiempo que le dediquen.

Genera relaciones y posiciónate como líder referente en este mercado global. Si no lo haces te quedaras absolutamente fuera de los negocios de éxito de los próximos años. No esperes, lee y reflexiona sobre los s nuevos líderes y lo que están haciendo.

Muchos de ellos solo se diferencian de ti en que en momentos de cambio fueron capaces de ver la oportunidad que otros no quisieron o no se atrevieron a buscar y adaptaron su forma de pensar a las nuevas necesidades del mercado. No se quedaron esperando su oportunidad si no que salieron a buscarla, fijaron un plan y lo llevaron a cabo hasta sus últimas consecuencias.

Como dijo   Jorge Zuazola (de.linkedin.com/in/jorgezuazolaleadership/es) Fundador de Spanish Leadership y uno de los referentes de esta nueva forma de liderazgo   *"Aunque algunas personas creen que es una herramienta de venta, para mí LinkedIn es una plataforma de networking: sirve para crear y mantener relaciones. El resultado de crear relaciones puede ser una venta pero también un nuevo trabajo, encontrar a un nuevo empleado, proveedor, socio o conocimiento".*

9.2   LinkedIn como motor para salir de la situación económica actual.

Para todos estos nuevos líderes LinkedIn es un motor claro para salir de la situación actual ya que facilita la interconexión entre profesionales de los 5 continentes. Este es el caso de *Juan Antequera* (br.linkedin.com/in/juanantequera/es) Directivo ejecutivo trilingüe con base en Brasil , opina " *LinkedIn es un catalizador de la iniciativa individual y emprendedora de cada uno de nosotros"* , Juan en un claro ejemplo de liderazgo en LinkedIn que ya ha establecido contactos con más de 60 países convirtiéndose gracias a esta herramienta en un claro exponente del nuevo líder conectado.

Juan Castillo (de.linkedin.com/in/juancastillomarketing) joven ejecutivo establecido en Hamburgo (Alemania) opina *"No es que sea una alternativa a la situación actual, es que es la primera opción que se debe tomar para remediar ésta situación. Un mundo en el que las corporaciones realizan despidos masivos de la noche a la mañana, donde los gobiernos gravan a la clase media con impuestos y recortes y donde las distancias son mayores entre clases, es el gran indicativo de que el mundo empresarial clásico que conocemos es cada vez menos válido. La vida que nuestras padres tuvieron y nosotros deseamos no es posible, y LinkedIn es la solución y la gran alternativa a la mentalidad clásica sobre la situación laboral actual"*

Es importante tener en cuenta que a solo unos clicks tienes a millones de usuarios. Hoy en día linkedinear es obligatorio. O eso o te quedas fuera. LinkedIn es business intelligence network y eso hace que sea mucho más fácil conseguir los objetivos que te marques a nivel individual o de tu organización. Tienes a tu alcance todo lo que tú quieras conseguir, solo debes proponértelo y unirte a los mejores en ese camino.

En LinkedIn no encontraras personas "tóxicas" empeñadas en hacerte ver que todo está muy mal y que es imposible hacer nada para mejorar. La clave de esta red es que el perfil medio de sus usuarios es el de personas dispuestas a ayudar a otras personas a las que físicamente nunca han visto pero con una idea de negocios win-win basada en ofrecer oportunidades y afrontarlas conjuntamente.

Debes ser consciente para afrontar este nuevo reto y forma de hacer negocios. Debes abrir tu mente a nuevos hábitos, ideas y modelos de liderazgo y comprender que los demás no son competencia sino que son tus aliados. De hecho la mayor competencia que vas a encontrar para conseguir tus objetivos es que no aceptes la responsabilidad de adquirir nuevos hábitos para rentabilizar estos nuevos modelos de relaciones. No procrastines durante más tiempo, prepárate para unir fuerzas y trabajar   junto a otros profesionales con los que compartes retos y lograr éxitos que te llegaran si creas una buena red y construyes sólidas relaciones a largo plazo.

9.3   ¿Qué estrategia seguir para conseguir tus objetivos en LinkedIn?

Piensa muy detenidamente como afrontar el reto de triunfar dentro del *business intelligence network* y una vez más fíjate en que han hecho los que están triunfando y liderando. Ellos te darán el ejemplo claro de que se puede lograr. No son mejores que tú o que yo, solo son constantes y tienen un plan, ¿Tú lo tienes?, un plan en LinkedIn no es ir haciendo las cosas según surjan. Párate unos minutos y reflexiona sobre qué quieres ser y te digo esto porque en LinkedIn lo importante es que quieres ser tú y no lo que has sido hasta ahora. Recuerda que tu perfil no es un currículum, es tu imagen de marca, tu escaparate ante un mundo activo. Por ello debes trabajar con detalle lo que vas a comunicar. Eres un profesional único y diferente, en función de ello construye tu plan. Vas a entrar en un mercado de 200 millones de personas a un solo click de distancia, no pienses que cualquiera lo puede conseguir sin un plan.

Resulta especialmente ejemplar la historia personal y profesional de *Diego Hermoso* (it.linkedin.com/in/diegohermosoengineer) ingeniero fundador de Italian Leadership. En un momento en que la situación en España estaba bastante complicada tuvo que elegir un país donde intentar tener una oportunidad. Con inglés e italiano como segundas lenguas, optó por utilizar Linkedin para crear una red de contactos en la zona del norte de Italia y enviar muchas solicitudes de empleo. En 3 semanas, después de varias entrevistas y antes incluso de haberse licenciado, tenía varias ofertas de contrato. Posteriormente fundo un proyecto para dar a conocer el nuevo concepto 2.0 a la industria Italiana. Lo llamó, como no podía ser de otra manera, Italian Leadership.

La idea de no hablar otras lenguas debe quedar atrás, y un perfil disponible en tres idiomas como mínimo es obligatorio (Inglés, Español y otra lengua opcional). Tener un perfil correctamente elaborado en esos idiomas es la base para empezar a construir tu red. No te preocupes tanto de hablar perfectamente el idioma en el que hagas el perfil, lo importante es que lo tengas hecho de manera perfecta y transmitiendo seguridad. Después encontraras la manera de abrirte paso poco a poco. Un amigo y profesional de éxito me contaba uno de sus secretos para las relaciones internacionales "Encuentra un idioma común y negocia en él, así tu manejaras la negociación" En su caso él lo hizo con empresarios Chinos. Negociaba en Inglés pero su perfil en LinkedIn estaba en un perfecto chino. Este tipo de decisiones marcan la diferencia.

Para lograr tus objetivos debes contactar con aquellos profesionales que estén dispuestos a echarte una mano. Busca empresarios y profesionales del sector que quieras liderar y semanalmente ponte unos objetivos de contacto e intercambio con ellos para poder cooperar en algún momento.

Una mentalidad abierta te enseñará caminos que nunca pensaste andar. Este es el caso de *Manuel Hidalgo* (sa.linkedin.com/in/manuelhidalgosaudileadership/es) que desde Arabia Saudita se está convirtiendo en una de los más reputados líderes en su sector y que comentaba recientemente en un foro internacional su estrategia *"Hasta hace muy poco tiempo no tenía una estrategia muy definida. Contactaba con las personas que me interesaban por algún tipo de sinergia o afinidad profesional, pero lo que he hecho ha sido una nueva estrategia de crear una red inteligente, invitando y aceptando invitaciones de aquellos profesionales que puedan aportar algún valor añadido para conseguir mis objetivos profesionales. Por otro lado, creo que es fundamental crear algún grupo o integrarse como administrador en alguno e invitar a profesionales que puedan contribuir a hacerlo interesante y sea finalmente una referencia en su sector."*

Y no solo profesionales a título individual están liderando el éxito. Existen proyectos españoles innovadores cuyo valor diferencial de base se encuentra en explotar la cultura red y la posibilidad de generar este tipo de inteligencias colectivas de negocio. Uno de ellos es la Iniciativa Vorpalina (www.vorpalina.com) que está logrando alianzas estratégicas para desarrollo de negocio en Argentina, Chile y Bolivia gracias a LinkedIn.

9.4 Consejos para que seas uno de los nuevos líderes.

Para terminar quiero compartir contigo querido lector algunos de los consejos más valiosos que estos líderes ponen a disposición de todos aquellos que quieren crecer profesionalmente y convertirse en uno de ellos.

"Piensa y compórtate como un líder para ser un líder" debe ser premisa fundamental en tu día a día tanto dentro como fuera de LinkedIn. Aplícalo en cualquier actividad que realices tanto a nivel personal como profesional. No busques excusas, busca soluciones y si solo no puedes, busca una nueva forma de hacerlo o apóyate en otros para conseguirlo. Eso es liderar.

Recuerda en primer lugar que además del perfil español, debes crear un perfil principal en inglés, atractivo, creíble, con las ideas muy claras y muy bien redactado. En segundo lugar debes tener algo valioso y diferente que ofrecer, distinto de la gran mayoría de los profesionales de tu mismo sector. Algo por lo que se te pueda diferenciar, que aporte valor añadido y por lo que te puedan contactar. Y, por último, diseña una estrategia clara y precisa en LinkedIn y aplícala concienzudamente.

Estos líderes se formaron con los mejores. La mayoría de ellos son españoles, algo que refuerza la idea de que talento nos sobra, solo debemos explotarlo y ser constantes. Como ocurre con cada nuevo reto debes entrenar y practicar. Trabaja con un plan detallado a corto, medio y largo plazo y se proactivo aportando opiniones y compartiendo información.

Todo esto puede parecer tremendamente simple, de hecho… lo es. Basta con tu compromiso profesional de aumentar tus opciones a través de la red. La falta de visión de negocio y de proactividad de muchos que en definitiva permanecen en su "zona de confort ", hace que una presencia en esta red resulte clave.

Hay muchos profesionales de diferentes nacionalidades, reticentes a dar de alta su perfil en LinkedIn o con un perfil poco cuidado y trabajado. Mi consejo personal es que lo hagas o no lo hagas. No quemes tus opciones porque aunque creas que no es así, un perfil poco cuidado transmite una imagen negativa del profesional.

En breve habrá dos tipos de profesionales en el mundo: los que estén en LinkedIn y los que no estén. ¿Tú de qué tipo quieres ser?

Eduardo Sanz Muñoz De las Navas, Madrid, España, 21 Diciembre 2012

CAPÍTULO 10

Por Gabriel Asensi Viana
http://es.linkedin.com/in/asensicrecimientoempresa

BIOGRAFÍA

Gabriel Asensi Viana

Sought-after business growth expert.
Management. Leadership.2.0. Can you see it?

Madrid Area, Spain | Consultoría de estrategia y operaciones

Actual	Aspar Consulting, S.L.,Spanish Leadership
Anterior	Veracetics, S.L.,--,Recursos en Punto de Venta, S.L.
Educación	MBA, Dirección y Administración de Empresas en CEREM

443
contactos

Inglés ▾   es.linkedin.com/in/asensicrecimientoempresa   Información de contacto

Gabriel es un experto en productos de Gran Consumo, le avala una experiencia de más de 20 años en el sector de la distribución donde ha tenido la oportunidad de colaborar con las multinacionales del sector más prestigiosas del mundo como Heineken, Coca Cola, Pepsi o Red Bull entre otras.

Tras su dilatada experiencia en la introducción de productos en el mercado, decide ponerse en el lado del consumidor y trabaja en empresas de marketing donde aprende a escuchar al consumidor final y adquiere la experiencia de qué necesita el consumidor, y como acercar el producto a éste para que lo consuma.

Master en Administración y Dirección de Empresas por la Escuela Internacional de Negocios CEREM y varios cursos de Gestión Empresarial de la Universidad Europea CEES de Madrid. En el año 2009 se incorpora en la empresa Veracetics, spin off de la Universidad de Alcalá. Empresa de base tecnológica, dedicada a la investigación de nuevos extractos vegetales y su aplicación en productos de consumo diario, donde ejerce la función de desarrollo y expansión de la compañía, cosechando un gran éxito, haciendo de esta empresa un referente europeo.

En 2012 funda Aspar Consulting, desde donde, con sus socios, tratan de aplicar todo lo aprendido en sus carreras profesionales y ayudar a pequeñas y medianas empresas a convertirse en referente de sus respectivos sectores. Desde Aspar Consulting, sigue vinculado a la Universidad de Alcalá y a Veracetics con la que colabora habitualmente.

En Octubre de 2012 funda Madrid Business Leadership, desde donde se pretende impulsar la nueva revolución económica y financiera que ayude a las empresas a salir de la crisis.
Sus grandes pasiones son su mujer y sus hijos, disfruta y vive en primera persona la pasión de la Fórmula 1 y el sufrimiento innato del Atlético de Madrid.

10. Analizar lo que haces y dejarte aconsejar te hacen un verdadero CEO

10.1. Definición de CEO

Wikipedia define al CEO (Chief Executive Officer) como la persona con más alta responsabilidad de una organización o corporación y le adjudica cuatro responsabilidades/aptitudes principales, comunicador, toma de decisiones, líder y gerente. Define estas responsabilidades o aptitudes diciendo que como comunicador tiene la obligación y responsabilidad de involucrar a la prensa y resto del mundo exterior, tiene el poder de la toma de decisiones al más alto nivel dentro de la organización sobre política y estrategia empresarial, sobre la gestión de la organización y sus empleados. Como líder asesora a la junta de directores, motivar empleados y organizar los distintos departamentos y como gerente, preside y supervisa las operaciones de la compañía día a día.

La Real Academia Española de la lengua define Líder "como Persona a la que un grupo sigue, reconociéndola como jefe u orientadora".

Y Wikipedia define liderazgo como "el conjunto de capacidades que un individuo tiene para influir en la forma de ser de las personas o en un grupo de personas determinado, haciendo que este equipo trabaje con entusiasmo, en el logro de metas y objetivos."

Curiosamente no se habla nada de "escuchar", forma parte del "consejo".... El CEO es como si fuera el Dios que todo lo sabe, tiene la solución de todo, la varita mágica. Tiene todo el PODER y hace y deshace sin "consultar" con nadie. Comunica, pero, ¿no debe recibir comunicación? ¿No debe de estar informado?

Según todas estas definiciones el CEO es como un personaje de ficción, todopoderoso, con poderes desconocidos que no sabemos de dónde le han venido, ni porque los tiene, solitario, sin necesidad de retroalimentarse y al que todos debemos de seguir como las leonas siguen al macho líder de la manada. Personalmente me parece algo prehistórico.

Ser CEO es tener la responsabilidad del peso de una organización, saber que tus decisiones afectarán a todo el entorno de la organización, a las relaciones con clientes, proveedores, socios, plantilla… y que tienes la responsabilidad y el deber de escuchar a ese mismo entorno.

10.2. El CEO y LinkedIn

Hace unos meses en un grupo de LinkedIn lancé una pregunta a la que muy pocos me respondieron. ¿El líder nace o se hace? ¿Es una cualidad o una aptitud? Las personas que intervinieron no se pusieron de acuerdo pero por mi experiencia y con sus aportaciones llegué a la conclusión de que para ser un verdadero y auténtico líder, ha de darse una combinación de las dos. Tienes que tener las cualidades y por supuesto las aptitudes y al igual que unos somos rubios o morenos, diestros o zurdos, no todos los lideres tienen la cualidades aunque tengan las aptitudes y los conocimientos.

Hace tiempo, un sacerdote amigo mío, de 82 años, me contaba que estaba preparando una actividad para 2000 chavales y en la estructura de la actividad iban a dividirlos por continentes para hacer distintos grupos. Cuando él presento esta estructura a su equipo de colaboradores, les presentó SEIS continentes, los que todos conocemos Asia, África, América, Oceanía y Europa y el sexto "LA RED". Me decía que todos se habían sorprendido y le cuestionaban este "continente". Él les dijo que "la red" es como un gran continente, con la ventaja que encuentras a habitantes del resto de los continentes y que además no tienes que viajar. Como final me decía, ese es el gran reto que tiene la Iglesia ahora, evangelizar el sexto continente.

Lo más sorprendente de esto, es que una persona entrada en años, sin una experiencia empresarial, se haya dado cuenta de lo que aún muchos de los grandes CEO´s de este país no se han dado cuenta. El futuro está en la red, pero en esa red interactiva, esa red donde todos podemos interactuar unos con otros y donde los contactos de segundo, tercer, cuarto nivel.... se convierten en contactos de confianza, porque los tienes referenciados con tus contactos directos y puedes saber más de ellos en 10 minutos navegando que en un año trabajando todos los días con ellos.

Eso es LinkedIn, una ventana abierta al mundo empresarial, llena de oportunidades que cada uno tenemos que ir construyendo y haciendo crecer.

Todo esto me lleva a la reflexión que el CEO necesita ayuda, necesitamos ayuda.

Lo primero que tiene que hacer el CEO es pararse, alejarse de la realidad del día a día que le come, que le impide ver cuáles son los fallos que está cometiendo tanto él como su organización, errores que por su continuidad se han convertido en procesos y procedimientos "normales y habituales" y que está impidiendo que nuestra organización avance y estemos perdiendo "ritmo".

10.3 CEO, Déjate ayudar.

Es muy habitual, yo lo veo cuando me entrevisto con mis clientes por primera vez, que el CEO piense que no hay nadie que conozca mejor su organización, que él lo sabe todo y no necesita la ayuda de nada ni de nadie. Cuando empezamos a evaluar por qué su organización no obtiene los resultados que obtenía antes, por qué va por detrás de la competencia, por qué se están perdiendo clientes o no consiguiendo los objetivos la primera justificación, actualmente, es siempre la misma: " la crisis", "todo está muy mal" y cosas por el estilo.

Cuando les enseñamos que hay organizaciones de su sector que, o bien no han acusado la crisis, o lo han hecho de una manera minimizada y controlada, al principio no se lo creen, pero según vamos facilitándole datos se van dando cuenta que el fallo está dentro de su organización y que no han sido capaces de verlo.

Hay que perder el miedo a pedir ayuda, y no hay que esperar a que la situación sea "trágica" para hacerlo, pues quizás sea tarde y ya la situación sea irreversible.

Que venga una persona de fuera, completamente aséptica, nos ayudará a revisar todos nuestros procesos y sistemas de trabajo, ver cuáles son nuestras debilidades y nuestras fortalezas. Qué tenemos que cambiar y mejorar, donde podemos hacerlo y como.

Por esto no vamos a perder nuestra credibilidad, ni vamos a ser peores CEO´s, vamos a demostrar que somos responsables, que nos preocupa nuestra organización y que pensamos y hacemos lo mejor para ella.

Personalmente creo que lo ideal sería tener a alguien que nos "acompañe" continuamente, que no participe del día a día de la empresa y que solamente analice datos, evolución de la empresa, del sector, y proponga actuaciones de mejora.

Esto lo solemos hacer cuando vemos "las orejas al lobo" pero debería de ser algo continuo, algo que nos mantenga alerta y preparados para lo que pueda venir, que nos haga fuertes ante la competencia.

Una crisis es como la selección natural de las especies, el más débil no sobrevivirá y hay que estar preparados, el que la supere saldrá fortalecido y con menos competencia por lo que tendrá que cubrir más mercado y si no nos preparamos para eso también, nos podremos "morir de éxito".

Es común que pensemos que ese consultor que hemos contratado cuando nos presente el análisis que ha hecho de nuestra organización, digamos "no me ha dicho nada que no supiese". Si de verdad cree eso, ¿por qué no has hecho nada? ¿Por qué no has puesto soluciones a los problemas de tu organización? Eso es una irresponsabilidad.

El CEO tiene la responsabilidad de hacer lo mejor por y para su organización. Es muy importante que "sepa donde esta". Para ello necesita analizar todo su entorno. Desde lo que le rodea de una manera más cercana hasta lo más lejano. Alguno pensara, y a mí que me importa, por ejemplo, como esta mi sector en China. Querido lector, no te dejes engañar por banalidades, que lo que pasa en China, o en cualquier otra parte del mundo, en tu sector o en sectores afines al tuyo, tarde o temprano tendrá una incidencia más o menos directa en tu organización, incluso puedes descubrir nuevas oportunidades de crecimiento que no te habías planteado. Esto es globalización y nos guste o no, vivimos en un mundo globalizado.

No hay que tener miedo a buscar, vamos a llamarle "apoyo", que no ayuda. Busquemos una buena empresa de consultoría, que no asesoría, que sean nuestros socios y nos digan qué no estamos haciendo bien y en qué tenemos que mejorar. Cuando digo buena no me refiero a la que tenga la mayor o mejor reputación. A veces esto no es sinónimo de calidad o de eficacia. Busquemos una que realmente nos diga lo que nos tenga que decir, que la mayoría de las veces será justamente lo que menos nos guste oír.

Todos hemos pedido consejo a algún amigo sobre algún tema, posiblemente algo banal. Si me queda bien esta ropa, si me compro este u otro coche, etc. Cuantas veces le hemos dicho a ese amigo, "lo que me has dicho, es lo que yo pienso no me has dicho nada nuevo". En la mayoría de las ocasiones, el amigo no piensa como nosotros, simplemente, como nos conoce, nos ha dicho lo que pensaba que nosotros queríamos oír. Eso no ayuda. La verdadera ayuda viene con la cruda y dura realidad. Aquello que incluso muchas veces nos duele, pero que nos hará ser mejores.

A la hora de buscar unos consultores, esta es la actitud que tienen que tener. No siempre es fácil, ni para ellos, ni para nosotros porque a nadie le gusta que nos digan lo que estamos haciendo mal. Y para ellos es difícil porque somos su cliente y decirle a tu cliente que está haciendo las cosas mal y saber que no le va a gustar oírlo, es difícil.

Pero si realmente queremos obtener resultados, esa es la manera.

No quisiera terminar mi participación en este libro sin dar unas pequeñas pautas que nos pueden ayudar a saber "donde estamos".

Acabemos nuestra jornada laboral haciendo un resumen escrito. Mi consejo es fichero de Word, de todas las actividades que hemos realizado, reuniones, llamadas, conversaciones. Pondremos las personas que han intervenido en esa actividad, temas tratados, conclusiones, acuerdos adoptados, etc. sobre todo aquello que consideremos importante.

Esto nos servirá para mantener un archivo de todas nuestras actividades y poder recurrir a él para refrescar nuestra memoria y preparar futuras actividades relacionadas, y por otros lado nos vamos a dar cuenta que muchas veces en una reunión de dos horas, no hay apenas nada importante o reseñable que tengamos que recordar. Esto os ayudará a hacer "gestión del tiempo".

Planifica tu próxima jornada. Fija tiempos para cada actividad y trata de cumplirlos. Siempre hay imprevistos, pero trabaja con un plan de trabajo. Revisa tus archivos y recoge toda la información necesaria para cada actividad. Dedica a cada actividad el tiempo que requiera, muchas veces en las reuniones "nos dispersamos" hablando de temas que nada tienen que ver con la reunión, posiblemente nuestro interlocutor también tenga su planificación.

Asistamos a congresos, ferias, convenciones, encuentros, etc. que tengan que ver con nuestra actividad. Practiquemos el networking no solo en la red sino también en modo presencial siempre que nos sea posible.

No dejemos de lado nuestra formación. Ésta debe de ser continua. No nos cerremos a mercados locales, miremos siempre más allá. Como los pilotos de Fórmula 1 tenemos que practicar la "visión espacial". Donde menos te imaginas surge una oportunidad de negocio.

Y por último y no menos importante. No te cierres. Abre tu mente a la posibilidad de contar con profesionales de apoyo. Profesionales que desde una posición externa, puedan aportar a tu organización una visión completamente diferente y aséptica de lo que te rodea.

Gabriel Asensi Viana, Madrid, España, 21 Diciembre 2012

CAPÍTULO 11

Por José Luis Portela

es.linkedin.com/in/porteladireccionproyectosie/

BIOGRAFÍA

Jose Luis Portela Lopez

Director General Compras Europa Honeywell (ADI) y
Director PS Dirección Estratégica de Proyectos IE
Business School

Madrid Area, Spain | Retail

Current   Honeywell security, ADI Global distribution, IE Business School

Previous   Honeywell Security (ADI International), IBM Business Consulting Services, PriceWaterhouseCoopers Consulting

Education   Universidad Politécnica de Madrid

Improve your profile   Edit ▾   **500+** connections

Spanish ▾   es.linkedin.com/in/porteladireccionproyectosie/es   Contact Info

Conferenciante y experto en Dirección Estratégica de Proyectos, Dirección de Operaciones y Comportamiento organizacional, combinando la alta dirección internacional empresarial en ADI Honeywell Security (Director General Compras Europa) con la investigación y docencia en estas áreas en el IE Business School. (Profesor asociado y Director Programa Superior Dirección Estratégica Proyectos)

Executive MBA del Instituto de empresa, Doctorando (DEA) en Administración de Empresas por la Escuela Superior de Ingenieros Industriales de Madrid, Ingeniero Superior Agrónomo por la Universidad Politécnica de Madrid, Ingeniero Técnico en Mecanización y Construcción y CPIM (Certificate in Production and Inventory Management) por APICS (American Production and Inventory Control Society)

Actualmente soy Director del Programa Superior de Dirección y Gestión Estratégica de Proyectos del IE Business School y Profesor asociado en el departamento de operaciones.

En el área profesional soy Director de Compras para Europa, Medio Oriente y Africa de Honeywell Security (ADI international).

Anteriormente trabajé en consultoría de negocio como experto en procesos de la supply chain e IT, en numerosos proyectos internacionales y nacionales para diversas empresas del sector Petróleo, Retail e industrial.

Recientemente he sido galardonado con el Premio al Mejor Profesor Programas Abiertos IE Business School-Executive Education 2009-2910

11. Desarrollar negocios online es clave para un buen CEO

11. 1 El cambio

Desde que el hombre (Homo Sapiens) habita la tierra hace ya aproximadamente 200.000 años, ha habido tres grandes cambios en el entorno que han derivado en tres grandes evoluciones del hombre, curiosamente todos ellos relacionados con la comunicación.

El primero de todo sucedió hace aproximadamente unos 70.000 años, cuando una gran explosión de un volcán, derivó en un gran cambio climático que duró aproximadamente 1000 años y que casi extermina la población del homo sapiens. Se estima que quedaron aproximadamente unos 1000 en África. En este momento de máxima dificultad es cuando apareció el lenguaje humano que posibilitó el trabajo en equipo y que este hizo posible que no desapareciéramos. Se observa justo en esta época un cambio disruptivo en la forma en la que el hombre fabricaba las herramientas que necesitaba.

El segundo gran cambio, sucedió aproximadamente hace unos 15.000 años, en la última glaciación. Debido a esta, el tipo de animal que el hombre cazaba cambió y tuvieron que utilizar nuevas técnicas de caza. En esos momentos apareció el primer "Power Point" que fueron las pinturas de las cuevas, mediante las cuales transmitirían las formas de caza a otros nuevos cazadores. El hombre comenzó no solo a enseñar sino a compartir conocimiento con otros hombres. De nuevo la comunicación facilitó un proceso de cambio necesario para subsistir.

El tercer gran cambio se está produciendo ahora, desde que comenzó las primeras ideas de lo que hoy es internet allá por los años 1960. La historia de Internet se remonta al temprano desarrollo de las redes de comunicación. La idea de una red de ordenadores diseñada para permitir la comunicación general entre usuarios de varias computadoras fue el inicio del mayor cambio que hemos sufrido en los últimos años.

Las más antiguas versiones de estas ideas aparecieron a finales de los años cincuenta. Implementaciones prácticas de estos conceptos empezaron a finales dc los ochenta y a lo largo de los noventa. En la década de 1980, tecnologías que reconoceríamos como las bases de la moderna Internet, empezaron a expandirse por todo el mundo. En los noventa se introdujo la World Wide Web (WWW), que se hizo común.

Desde este año, la red ha evolucionado mucho, acompasada también en un periodo de adaptación y cambio por parte de la población mundial tanto de su entendimiento, como de su uso principalmente.

Hoy en día, en la mayoría de los países civilizados el tiempo que la población dedica a estar conectado es bastante alto. No me gusta poner números a este párrafo, porque depende mucho del tipo de persona y país, pero sin lugar a dudas, este tiempo va en aumento y debido ahora a los dispositivos móviles, la difusión es todavía mucho mayor.

Desde que soy profesor en el IE Business School, he visto pasar por delante de mí a numerosos directivos de este país. Me quedo con dos grandes reflexiones sobre ellos.

La primera sería cómo defino a un Directivo:

"un directivo es alguien que transforma información en acción".

Por lo tanto un directivo tiene que estar muy atento a las cosas que suceden a su alrededor para poder modificar o cambiar la estrategia que está utilizando, para adaptarse a los cambios que se están produciendo. No nos olvidemos tampoco que con la estrategia no es suficiente. Tenemos que ser capaces de implantar dicha estrategia mediante proyectos bien ejecutados.

La otra gran reflexión viene derivada del hecho que el directivo mejor, *no es el que mas sabe, ni el más inteligente, sino el que mejor se adapta al cambio.*

Hay miles de ejemplos de grandes directivos que no han sabido adaptarse a los cambios en el entorno y han fracasado estrepitosamente, unos porque no se han adaptado y otros porque otros lo han hecho más rápido que ellos; Kodak, Nokia, etc.

En poquísimo tiempo, hemos podido ver grandes imperios que llevaban años mandando en los mercados han desaparecido y como empresas que apenas existían en la mente de alguien se han convertido en grandes imperios.

"En este entorno sorprende todavía ver cómo todavía hay empresas con ejecutivos ocupando altos cargos directivos simplemente porque son expertos en lo que era importante ayer"
Jonas Ridderstråle, autor de Funky Business

Esta frase siempre me trae a la memoria la necesidad continua de explorar lo que pasa alrededor y adaptarme al cambio y no dar por supuesto que ya tengo todo conocido. El conocimiento es algo que se construye día a día.

11. 2. ¿Qué significa hacer negocios en la red?

Hay una frase antigua que decía ¿Dónde va la gente?, y se contestaba, donde va Vicente... Pues bien ahora toca hacer negocios ahí, justo donde esta Vicente, y donde un % de tiempo considerable de su vida, que no es otro lugar que internet.

Y ahora vienen las dos grandes preguntas que los CEO se hacen. ¿Cómo aparecer y donde aparecer? ¿Cómo vender y donde vender?. Antes de contestar a esto, tienen que hacer grandes reflexiones internas para darse cuenta de que significa estar en la red hoy en día.

La primera gran reflexión es que la palabra desarrollar negocio va ligada a desarrollar confianza, y esto es una clave que todo gran CEO debería de tener muy en cuenta. Hoy en día con internet y la nueva forma en la que nos comunicamos y se difunde la información, cada vez mas todo se sabe y conoce y no vale con "comprar" a los responsables de comunicación para sesgar la información. Hoy si haces algo malo, si no sigues buenas prácticas y si tu producto o servicio es malo, la red se encargará de difundirlo rápidamente.

La segunda es que hay que escuchar lo que la red dice sobre tus productos o servicios. *el hombre "tonto" siempre le echa la culpa al otro y al entorno de lo que le pasa, en lugar de analizar sus puntos de mejora y cambiarlos.*

Los CEO tienen que darse cuenta que hoy la red les proporciona gratis información en tiempo real de cómo son sus productos y servicios, sin necesidad de hacer ningún tipo de encuestas que en ningún caso serían tan transparentes como lo es la red.

La clave no es que te digan lo bueno que eres, sino en que no eres tan bueno para poder llegar a ser el mejor.

Todos conocemos la reacción de muchísimas empresas que ante la crítica de sus productos a la red, su respuesta se traduce en una crítica y ataque a ese cliente que lo publica. La reacción que esto suele desencadenar es la de empeorar todavía más si cabe el problema, quedando la empresa en cuestión en evidencia al demostrar que no es una empresa en la cual se pueda confiar.

Al hilo de esto, se me viene a la cabeza la reflexión de que el cliente más satisfecho y que te será más fiel, no será aquel al cual le vendiste un producto o servicio y todo funcionó a la perfección, sino aquel el cual tuvo un problema y lo resolviste a tiempo y satisfactoriamente. A esto, ahora hay que entender que la respuesta que le des a un cliente lo verán los demás, con lo cual el efecto que hace es multiplicador.

Para responder a la pregunta de dónde aparecer y como aparecer es muy curioso observar que es lo que está sucediendo. Primero de todo, hay que entender que es lo que significa el grado de permiso que uno tiene para interactuar con las personas a través de los medios de comunicación. No todo vale, y hay que tener en cuenta que uno no puede "molestar" a los demás.

Se trata de gestionar la relación con el cliente de tal manera que nos permita mantener o, mejor aún, ir escalando en el nivel de permiso que este nos otorga
Seth Godin, ex-VP de Marketing de Yahoo!

Si lo pensamos bien nos quedan dos variables importantes:

1. Intensidad informativa. Hay tenemos que analizar tanto el número de clientes como la cantidad de información que puedo generar sin caer en la intrusión
2. Nivel de permiso. Tenemos que tener muy claro cuál es el nivel de permiso que me van a permitir utilizar y cuál es la posibilidad de desarrollo de relación que me van a permitir dichos clientes.

Está claro que hay que cambiar de estrategia de "cazar más clientes" vs "conseguir lealtad". Un CEO tiene que tener muy claro que una cosa bien distinta es aumentar las ventas y otra muy distinta conseguir lealtad.

Existe un gráfico muy claro que habla como varía el nivel de intrusión que existe dependiendo del medio utilizado, siendo de menos a más, en persona, teléfono, correo, mail y web. Pero claro el grave error que cometen muchas empresas es pensar que en la web vale todo.

Es patético observar como todavía a día de hoy nos encontramos con anunciantes que al abrir una web aparecen pop up que molestan, hacen ruido y no nos dejan leer lo que queremos leer, produciendo un efecto muy negativo que lo único que producen es que odiemos la marca o la empresa.

Lo segundo a pensar es como aparecer. Por poner un ejemplo supongamos que eres un banco y quieres aparecer en Facebook. La forma de aparecer no es como se suele hacer en el pasado, simplemente poniendo información de lo bueno que eres y la publicidad sobre tus productos. Lo que tienes que hacer es crear contenido que sea atractivo para la gente, y entonces las personas comenzarán a acceder a tu sitio, y solo entonces asociarán este sitio bueno a marca buena. La gente accede a las redes sociales para divertirse y entretenerse, es así de simple. Si los directivos entienden esto y saben cómo satisfacer esa demanda, entonces tendrán mucho camino andado.

Por último es curioso observar como muchas empresas afrontan esto. Contratan a un "community manager" con sueldo de un junior y pretenden que esta persona gestione la comunicación de toda una compañía a través de la red. La figura del community manager es crítica y muy importante, para una empresa o marca, tanto es así, que yo les recomendaría a todos que contrataran a alguien de mucho nivel y que el perfil no es precisamente el de alguien que simplemente sabe sobre redes sociales. Por supuesto que tiene que saber y conocer esto, pero además tiene que ser un gran conocedor de comunicación y de marketing en general.

En resumen, la red está cambiando el mundo más que nunca, y está cambiando la forma en la cual las personas y las empresas se comunican con estas personas.

Primero de todo tenemos que entender cuáles son las reglas de este nuevo mundo, porque no sirven las que servían antes y *las empresas que perduren no serán aquellas que tengan los mejores productos y servicios, serán aquellas que sepan interactuar en este nuevo escenario* que es nuevo para todos y que las reglas y creencias de antes no sirven.

Y por último recuerden, la clave no está en vender en una ocasión a un cliente, la clave es fidelizarlo para lograr una relación estable en el futuro que te permita realizar muchas transacciones, que no tienen por qué ser todas monetarias.

José Luis Portela, Madrid, España, 21 Diciembre 2012

CAPÍTULO 12

Por Juan Antequera

http://pt.linkedin.com/in/juanantequera

BIOGRAFÍA

Juan Pedro Antequera

Chief Executive, Board Exposure. Trilingual. Networking
& Leadership Expert

Salvador Area, Brazil | Real Estate

Current	TM Grupo Inmobiliario, Iberian Leadership, Spanish Leadership
Previous	Fadesa Portugal S.A. (Martinsa Fadesa Group), Fadesa Inmobiliaria S.A., Ferrovial
Education	CSA Antonio Camuñas Foundation

Juan Pedro Antequera García (Madrid, 1961) es licenciado en **Arquitectura** por la Universidad Politécnica de Madrid (1987) y **Máster** en Edificación y Gestión Empresarial por el Centro Superior de Arquitectura (Fundación Antonio Camuñas) también de Madrid (1994).

Su carrera se ha desarrollado en los últimos 15 años en el **sector inmobiliario**, encontrándose actualmente dirigiendo las operaciones del Grupo Inmobiliario TM en Brasil, donde desarrollan su primer proyecto en el estado de Bahía, muy próximo a Salvador, su capital.

Ejerció desde Mayo de 1998 hasta Junio de 2011 como **Director General** y **Consejero Delegado** de **Fadesa Portugal S.A.**, la filial portuguesa de **Martinsa-Fadesa S.A.**, a la que se había incorporado un año antes, en Febrero de 1997, como **Director de Proyectos**.

Como primer **ejecutivo** de **Fadesa Portugal** y reportando directamente a su **Consejo de Administración**, participó en su constitución en sociedad con Comitur SGPS, holding inmobiliario del Grupo José de Mello, uno de los mayores grupos económicos portugueses, y logró consolidarla como una **referencia** en el mercado inmobiliario no sólo portugués sino ibérico, ganando la **confianza y respeto** de instituciones, socios, clientes y restantes agentes. **Aumentó** el valor de sus activos desde los 12,5 millones de euros hasta los casi 100 gracias principalmente a la **eficacia** de su **gestión** urbanística del suelo y de equipos y gestionó una cartera de más de 500 mil metros cuadrados de superficie edificable.

Con anterioridad, desde Enero de 1994 hasta Agosto de 1996, perteneció a los cuadros de **Ferrovial S.A.**, **d**onde desempeñó los cargos de Jefe de Producción y **Jefe de Obra** principalmente en obras no residenciales en Pozuelo de Alarcón, Madrid.

Entre los años 2006 y 2011 ha desempeñado **cargos públicos** como **Secretario** de la Junta General de la Asociación Portuguesa de Promotores e Inversores Inmobiliarios (APPII, Abril 2006-Abril 2010) y de la Agencia Municipal para la Energía de los municipios de Barreiro, Moita, Montijo y Alcochete (S.Energia, Septiembre 2006-Junio 2011), de la que además fue **socio fundador** en representación de Fadesa Portugal. Ha participado como **orador** en diferentes coloquios y debates, con especial destaque para el Seminario **"El mercado inmobiliario Portugués"** organizado en Madrid por el *Institute for International Research-Spain (IIR-Spain),* en el que fue **ponente** en los años 2007 y 2008.

12. Expatriarse triplica tu valor como CEO y más con LinkedIn

Hace ya más de 30 años que una de las personas más intelectualmente brillantes que he conocido, el Arquitecto y Catedrático, el profesor, como le gustaba ser llamado, Francisco Javier Sáenz de Oíza (q.e.p.d.), contaba, en una de aquellas maravillosas aulas conjuntas que impartía para todos los alumnos de su Cátedra, que un alumno, o mejor, un recién titulado Arquitecto, le abordó pidiéndole consejo acerca de cuál el Máster que le recomendaría cursar.

Su respuesta fue tan simple cuanto ésta: Viajar!

Esta respuesta, grabada para siempre en mi cabeza aún sin saber que pasados los años, después de haber cursado uno de esos MBA que tan poco le gustan al gran, como líder, persona y amigo, Ronald C. Stern, y que a fuer de ser sincero cursé apenas por incluir 6 meses de prácticas remuneradas en algunas de la mayores empresas nacionales del sector de la construcción, se convertiría en un paradigma en mi vida, tras haber vivido sus últimos 16 años "viajando".

Este "viaje", que comenzó en Madrid, pasó por La Coruña y Portugal y que ahora se detuvo en la Bahía de Todos os Santos en Brasil, ha sido mi verdadero MBA: Mi expatriación, que aunque por no gustarme demasiado el término "expatriado", llamaría mi internacionalización.

12.1 Expatriarse...

El proceso de internacionalización de cualquier organización conlleva una gestión complicada en la que se deben aunar aspectos legales, económicos y socio-culturales diferentes, lo que obliga a entender en paralelo dos realidades también diferentes: la del país origen y la del país destino.

No obstante, aun siendo importantes, no son las barreras legales y económicas, no son los aspectos estratégicos los más difíciles de superar. La principal barrcra a superar lo es a nivel operativo, el aspecto socio-cultural.

En cualquier aspecto y por tanto también en el de los negocios, el desafío de la organización es comprender las peculiaridades de cada universo cultural, fundamental para que las interacciones y negociaciones interculturales derivadas de la implantación de un proceso de internacionalización tengan éxito.

La estrategia que las organizaciones adoptan para superar esta barrera puede ser diferente en función tanto de su propia cultura como de las características del país destino.

Por un lado, pueden adoptar una estrategia policéntrica, colocando al frente de la organización en el país destino a personal nativo del mismo.

O adoptar una geocéntrica, colocando en este caso al personal competente al efecto, sin importar su nacionalidad u origen.

También pueden adoptar una estrategia regional, eligiendo el personal en función de las peculiaridades de la región.

Y por último, una estrategia etnocéntrica, es decir, colocando en la cabecera de la organización del país destino a personal procedente del país origen y con la cultura organizacional origen bien asentada en él.

El objetivo de las organizaciones que adoptan esta estrategia en cuanto a la forma de gestionar su internacionalización no es otro que intentar homogeneizar un estilo de dirección a nivel global y de desarrollar equipos capaces de gestionar de un modo compatible con los estándares globales de la organización, transfiriendo así su conocimiento y cultura empresarial para la organización local.

Es en esta estrategia etnocéntrica en la que tiene cabida el concepto de "expatriación", que podríamos definir como la acción de cambiar de patria, sea de una forma voluntaria o, como normalmente sucede, por obligación.

Esta estrategia es la más comúnmente adoptada por las empresas españolas en sus procesos de internacionalización, probablemente porque el ascenso del país a la cima de la economía mundial (aunque falsamente sustentado como se ha demostrado y se está demostrando actualmente) ha hecho aumentar la "auto-estima" nacional a límites tan elevados, que su clase empresarial media se ha etnocratizado (cuantas veces he tenido que oír frases del tipo "Es que en España…", "Es que parece un país diferente…") hasta tal punto que raramente las compañías españolas, adoptan como estrategia de internacionalización otra que no sea la etnocéntrica.

El principal reto, tanto para la organización como para el expatriado, será superar, por un lado, como ya dijimos, la propia barrera operativa interna haciendo entender a la organización origen que su deseada homogeneización será posible en la medida en que los diferentes mercados lo permitan.

Por otro, la barrera cultural externa provocada por el choque de las culturas en contacto y la adaptación cultural y social del expatriado que muda de país y de cultura en función de los negocios. La capacidad de adaptación de las partes a esta realidad socio-cultural será así el factor más decisivo para el éxito de la estrategia de internacionalización de la organización y del propio expatriado.

La elección de la persona adecuada tendrá forzosamente que recaer en personas confiables, con los conocimientos necesarios sobre la organización y las habilidades técnicas propias que le permitan transferir la cultura empresarial origen y asumir las responsabilidades del negocio internacional respectivamente.

Pero sobre todo, en personas con gran capacidad de adaptación a un contexto cultural diferente, con habilidad para adaptarse a un ambiente nuevo de modo eficiente y suficiente para sentirse funcionalmente confortables en su nueva cultura.

El CEO expatriado es alguien que tendrá que ser capaz de vivir y trabajar eficazmente en el exterior, fuera de su ambiente cultural natural y sin embargo, normalmente, la organización centra su proceso de elección apenas en sus aspectos técnicos y no en los aspectos psico-emocionales, encontrándose aquí una de las principales razones del fracaso de muchos procesos de internacionalización.

12.2 ...triplica tu valor como CEO...

Es evidente que para ti, CEO, todo este proceso de internacionalización, tu expatriación, te aportó en cualquier caso nuevas competencias y habilidades técnicas, tangibles, aparte de mejorar las que ya poseías como tal.

El conocimiento de otras culturas, de otros mercados, de otras leyes, de otras lenguas es siempre un valor añadido en tu *background* como CEO's y mejoró tu capacidad de gestión más allá de cualquier "científico" MBA.

Sin embargo, la superación del desafío de enfrentarte a tu nueva realidad cultural y a las barreras internas y externas que encontraste, supuso un aumento de tus otras competencias, menos tangibles, las psico-emocionales, pero que diría son todavía más importantes que las técnicas en tu valor como CEO.

Tu capacidad de adaptación a tu nueva realidad te obligó a desarrollar habilidades sociales para poder interactuar con tu nuevo entorno. Fue necesario que realizases un proceso de ajuste cultural, no sólo a nivel profesional como personal, integrándote en tu nuevo medio, es decir, manteniendo tus valores culturales de origen y abrazando los nuevos en los que tu vida se desarrolló, convirtiendo esa interacción en factor integrador.

Superaste el choque cultural, entendido éste como la diferencia cultural entre tu país de origen y el de destino, probablemente más gracias a tu *background* cultural que a las propias características culturales tu país anfitrión.

En mi caso por ejemplo, te puedo decir que a pesar de este choque cultural ser mayor en esta mi segunda expatriación, mi proceso de adaptación o de ajuste cultural ha sido más rápido que en la primera, debido como digo, sin duda, al *background*, a la experiencia que ésta me aportó.

Mejoraste además tu empleabilidad, aunque fuera más externamente a la organización que te expatrió que internamente a la misma.

Y aunque te sintieras frustrado cuando después de haber superado los problemas de integración o los problemas familiares y personales que tu expatriación supuso, tu repatriación no se produjo o porque no se encontró un puesto semejante al que habías ocupado o por no sentirte capaz de superar el choque después con la cultura de trabajo que ya fue la tuya pero que dejó de serlo, tu valor como CEO se había multiplicado.

Lo había hecho al haber completado con éxito tu proceso de integración en la nueva cultura, en la medida en que tu adaptación intercultural, tu adaptabilidad y estabilidad funcional, sin olvidar tus habilidades técnicas, se integraron en ella.

Y lo hiciste con humildad para aprender de la cultura local sin querer apenas imponer la propia.

Y además, tratando con las personas e interactuando con ellas personal y culturalmente.

Y con ejemplaridad, compartiendo tu visión con tu nuevo entorno y no ser percibido como "extranjero", sino como uno más.

Cualquier una de estas capacidades y la forma como las aplicaste, propias todas ellas del liderazgo 2.0 que fuiste capaz de desarrollar y ejercer, te prepararon para el *management* 3.0, aquel que podríamos definir como la unión entre el conocimiento propio del 1.0, la creatividad del 2.0 con la humanización que el ambiente de trabajo 2.0, participativo, libre y con un poder creciente de cada integrante de la organización, demanda.

Abrazaste una cultura participativa en la que habilitaste esquemas y sistemas internos que favorecieron la comunión con tu entorno.

Aumentaste tu capacidad de análisis, desarrollaste el arte de actuar y la capacidad de ejecutar (El CEO 2.0 de Mintzberg).

Hiciste e hiciste hacer.

Trataste con personas del principio al fin (El principio de *leadership* de Jorge Zuazola).

Encontraste el equilibrio entre dirigir complejas operaciones y gobernar una comunidad con poder y deseos de participación.

Tu valor, querido CEO expatriado, se triplicó…o más!

12.3 …y más con LinkedIn

Siendo la integración en la nueva cultura el principal desafío a superar por el CEO expatriado, el poder de LinkedIn como factor catalizador de la misma asume un carácter multiplicador o incluso exponencial en la rapidez y facilidad con la que la integración se producirá.

La participación del CEO todavía por expatriar en la red con una estrategia direccionada al conocimiento e interacción con su futuro ambiente a través de elementos destacados del mismo, aumentando la anchura de su red mediante las pantallas inteligentes, especialmente las de búsqueda avanzada, de LinkedIn, le permitirá anticipar el conocimiento de ese entorno hacia el que se dirige, facilitando por tanto su entrada en el mismo al reducir el choque cultural que una llegada a ciegas le podría producir.

La aplicación de los principios de *networking* definidos como el triángulo de oro de Vermeiren (*Give, Ask, Thanks*) en su estrategia, le permitirán aumentar al mismo tiempo la profundidad de su red aumentando todavía más la rapidez de su integración posterior.

Linquedinear, con estrategia y anticipación, será por eso un valor añadido al CEO en vías de expatriación y lo será luego ya expatriado al facilitar su integración en la cultura en la que se irá desarrollar su vida "expatriada".

En otra prueba más de *leadership*, el CEO se habrá anticipado e integrado en su nueva cultura antes incluso de expatriarse. Su valor, el de mi querido CEO expatriado, con LinkedIn se habrá elevado a la 3ª potencia!

Juan Antequera, Salvador de Bahía, Brasil, 21 de Diciembre 2012

CAPÍTULO 13

Por Antonio Urrea
http://www.linkedin.com/profile/view?id=57910085

BIOGRAFÍA

Antonio Urrea

Sought-after Business Owner in Coporate Promotion.
Leadership.2.0 Can you see it?

London, Reino Unido | Electrónica de consumo

Actual	Naturae et salus, s.a., Complejo empresarial las raposas, S.C.A., Spanish Leadership
Anterior	Brand Import Services (BIS), Antyc Solutions, MANINVEST
Educación	Universidad Alfonso X El Sabio

Mejora tu perfil   Editar   ▾

500+
contactos

Inglés ▾ | uk.linkedin.com/in/antoniourreausbmodels/

Información de contacto

antonio.urrea.linkedin@gmail.com

Misión: Posicionar UsbModels® como líder en la industria del mercado promocional, en el Reino Unido, USA, España y Colombia. Posicionar Naturae® como un socio de confianza para las empresas líderes en la industria alimentaria en España, USA y Reino Unido.

Antonio ha sido empresario desde el año 2003, cuando fundó a los 32 años la primera empresa europea especializada en la fabricación de dispositivos de memoria flash con conexión USB y formas especiales, UsbModels®.

La empresa con sede en España y con su principal sucursal en Londres, inició su expansión internacional en 2006 con un éxito muy rápido y profundo. Hoy en día UsbModels® ya ha llegado al mercado de más de 25 países diferentes desde el este hacia el oeste, alrededor del mundo.

UsbModels® es el proveedor oficial de la Mayor League Baseball en EE.UU. Otros clientes, como el Museo Británico en Reino Unido, el O2 Arena, Coca Cola, Movistar, Orange, Twix, etc ... han confiado en UsbModels® desde sus inicios.

En 2009 fue cofundador y presidente del "Complejo Empresarial Las Raposas" como una forma nueva y original de desarrollar la economía social en la región de Castilla y León (España). Por aquél entonces fue la primera y la única cooperativa industrial existente. Su objetivo fue colaborar con el desarrollo del tejido empresarial industrial local, especialmente basado en empresas de economía social. 22 empresas se implantaron en el complejo y siguen desarrollando sus actividades en la actualidad.

Desde 2010, Antonio ha participado como un inversor activo en empresas a través de la Universidad de Valladolid y el Centro de Transferencia de Conocimiento (UVA CTTA), incubadora española basada en la creación y desarrollo de proyectos para transferir el conocimiento de la universidad a la empresa. Un ejemplo claro es Naturae® es uno de los proyectos biotecnológicos más importantes que se han creado al amparo del centro de transferencia tecnológica de la Universidad de Valladolid (UVA CTTA).

Los periódicos nacionales, programas de radio y televisión se han hecho eco de las noticias relacionadas con los proyectos de Antonio desde que comenzaron a desarrollarse de forma exitosa.

Notas de prensa: http://www.slideshare.net/USBMODELS

Él realmente cree en el espíritu empresarial como una forma de vida y más importante aún, como un medio para hacer del mundo un lugar mejor.

13. Reino Unido es el ejemplo a seguir, pero podemos ser mejores.

Londres es la capital del mundo para los negocios y para todos aquellos líderes que pretendan expandir sus proyectos empresariales a lo largo y ancho del planeta, más aún si sus pretensiones son las de salir de Europa y pasar de la expedición a la exportación.

Es sabido por todos que, Reino Unido es el país que mejores relaciones internacionales ha desarrollado a lo largo de la historia. Gracias a proyectos como el de *"La CommonWealth"* el Reino Unido ha consolidado muchos aspectos de las relaciones internacionales de un país, que ha apostado siempre por la asistencia técnica y las experiencias de colaboración.

La CommonWealth ha llegado a reunir 53 países de todo el mundo. Uno de cada tres habitantes del mundo es ciudadano de *La Commonwealth*.

LinkedIn fue fundado en diciembre de 2002. En octubre de 2008, tenía más de 25 millones de usuarios registrados· extendiéndose a 150 industrias. En febrero de 2012, dispone de **más de 150 millones** de usuarios registrados, de más de 200 países, que abarcan todas las empresas de la lista de la revista Fortune de las 500 mayores empresas estadounidenses.

Teniendo en cuenta ejemplos como el de la mismísima *CommonWealth* y extrapolando alguna de sus claves del éxito hacia otros universos menos tangibles e igual de válidos, podremos desarrollar estrategias basadas en el desarrollo de las relaciones nacionales e internacionales. Por su puesto, el universo intangible al que hacía referencia con anterioridad, es ***Linked In.***

Saber desenvolverse en este medio, conocer sus entresijos, sus herramientas de gestión; así como el dominio de las distintas áreas y frentes de acción, es un factor clave para el desarrollo de cualquier proceso de expansión, bien sea nacional o internacional. Es una herramienta específicamente desarrollada para facilitar las relaciones personales, dentro de un ámbito estrictamente profesional.

La elección de Reino Unido como base de operaciones para la expansión internacional, puede ser tan acertada como la elección de ***Linked In*** como base para la búsqueda de nuevas oportunidades de negocio, si bien es cierto que precisaremos de una estrategia basada en el conocimiento de "LA HERRAMIENTA".

LinkedIn, como centro de inteligencia de negocio, puede resultar tan eficiente como uno mismo quiera que resulte. Bastará con alcanzar el virtuosismo en el manejo de la herramienta, que por otro lado, no requiere aptitudes extraordinarias. Lo que si es necesario, es disponer de una estrategia bien definida y enfocada hacia la consecución de nuestros objetivos. La elección de un "coach" que nos guíe en el trazado de la estrategia, podría resultar de ayuda para centrar nuestro objetivo de la forma más rápida posible.

Reino Unido, es la opción más clara para la implantación de la base de operaciones internacionales, y si, como dice el título de este capítulo, podemos ser mejores. Tras la fase de implantación, no resultará muy complicado ir estableciendo nuevas sedes internacionales que nos aseguren la apertura de nuevos mercados. Un modelo de franquicia sencillo y que vaya en la línea de generar negocio a terceros, podría convertirse en el catalizador que nos ayudase a capilarizar nuestra red. ***LinkedIn*** es, por supuesto, la herramienta perfecta para la captación de terceros, tu solo tendrás que hacer el resto, hacer lo que mejor sabes hacer, lo que siempre has hecho, pero con la ayuda de una herramienta de concentración de contactos tan potente como bien adaptada a la nueva era tecnológica.

13.1 ¿El CEO se ha quedado obsoleto?

En mi opinión, hay una parte de los directivos y gerentes españoles que se han quedado obsoletos. Hoy en día se puede emprender un proyecto y desarrollarlo con éxito basándolo en dos únicos pilares fundamentales: el manejo de un segundo idioma (preferiblemente el inglés) y el dominio de las nuevas tecnologías.

Todos queremos crecimiento económico, pero nadie quiere el cambio. Por desgracia, no se puede tener lo uno sin lo otro, sobre todo cuando el terreno de juego está experimentando cambios constantes.

13.2 El futuro ya no es lo que era.

Con esta frase podemos definir perfectamente que el concepto de futuro ha variado en los últimos 10 años. La innovación ya no es duradera, al menos ya no lo es de la misma forma en que lo era antes. Por ello, es necesario mantenerse de forma continua y constante en "fase Beta", concepto que Reid Hoffman definió en su libro "el mejor negocio eres tú" y que normalmente se utiliza para definir estados de mejora continua en fases de pre-lanzamiento de proyectos, productos, etc...

Si pretendemos salir de la crisis y recuperar parte de nuestro estatus del "estado del bienestar", tenemos que asumir los cambios que nos impone una sociedad donde el concepto de futuro se ha acortado de manera drástica. En definitiva, el dominio de varios idiomas y de las nuevas tecnologías, nos aportarán las capacidades suficientes como para desenvolvernos en un mundo tan rápido como competitivo.

Ya no estamos solos ni en un único mercado, más bien nos encontramos en un mercado único. Para mantenerse es ya imprescindible trabajar en una línea estratégica de diseminación de mercados, donde como digo, no solo no seremos los únicos, sino que además; competiremos con empresas de culturas y filosofías diametralmente opuestas a la nuestra propia. Para sobrevivir a una guerra comercial de semejantes características, tendremos que adaptar nuestras mentes a la nueva situación. En países tan cercanos como el Reino Unido, competiremos directamente con compañías de origen asiático, las cuales estarán dispuestas a lo que sea, con tal de hacerse un hueco en el mercado y más aún lo harán, para mantenerse.

Tenemos que adaptar nuestras mentes, dominar idiomas, las nuevas tecnologías y lo que es más importante y básico, cambiar todo aquello que la sociedad ha hecho que adquiramos de forma gratuita y defectuosa.

El estado del bienestar no existe. ¿Quién ha dicho que la vida sea fácil y que esté cerca de bienestar alguno? La vida es bella y en eso estoy totalmente de acuerdo con el maestro Roberto Benigni, pero nada de bienestar. Tenemos que readaptarnos a la realidad de siempre que ahora es la nueva realidad. El que no esté dispuesto a admitir que solo soportando dosis de sufrimiento constantes, se alcanzan objetivos, no tendrá sitio en la sociedad a la que nos tendremos que adaptar. Sí, es cierto, nadie regala nada, nada es gratis, todo cuesta y por todo hay que luchar y sufrir. Dichos tópicos, por un momento, llegaron a convertirse en notas musicales que no éramos capaces de descifrar ni de asumir. Esta sintomatología ha degenerado en el cáncer que ahora ya es casi terminal, en una crisis de carácter social que seguirá conviviendo con nosotros hasta que despertemos de nuestro letargo del bienestar.

El autoempleo como ejercicio de superación diaria, es mi receta para todos aquellos que aún tienen la mirada perdida y que siguen siendo víctimas de los delirios de un estado del bienestar que siempre ha sido ficticio y que ya está desapareciendo de la faz de la imaginación humana.

Idiomas, nuevas tecnologías y la asunción de las nuevas responsabilidades sociales son las claves del éxito para todos los que pretendan mantenerse en lugar de ser mantenidos.

13.3 "Cuanto Más Entreno, Más Suerte Tengo" (Gary Player)

Me despido con la historia de una de las citas más célebres, utilizadas para justificar que solo el esfuerzo te ayudará a materializar tus sueños, tus objetivos y en definitiva, tu suerte. ¡Nunca te rindas!

Os dejo la historia que en ocasiones se ha atribuido al gran Severiano Ballesteros y a algún que otro deportista de élite, sin embargo esta frase y su historia pertenecen a Gary Player.

La frase surgió cuando Gary Player era junior y practicaba en el club de golf de su Sudáfrica natal, donde dedicaba casi todo el día al juego corto, ya que no era un jugador de pegada larga, por su estatura y peso.

Gary, como siempre, estaba practicando su juego corto, en especial la salida de bunker, que era una de sus especialidades, y cada bola que sacaba con su *sand*, la dejaba muy cerca de la bandera (no más lejos de los 70cm) y algunas entraban al hoyo.

Mientras tanto, una persona mayor lo observaba con curiosidad y se acercó a Gary diciendo: -estimado, lo observo hace un largo tiempo y veo que usted tiene mucha suerte, ¡las pelotas van al hoyo como si tuvieran un imán!-. El joven Gary entonces le respondió con la cita que más tarde se convertiría en una de las más célebres: -Sí, es verdad lo que usted dice, "para ser sincero, cuanto más practico estas sacadas, más suerte tengo"

Antonio Urrea, Londres, Reino Unido, 21 Diciembre 2012

CAPÍTULO 14

Por Jonatan Belarde Osante

http://es.linkedin.com/in/jonatanbelarde/es

BIOGRAFÍA

jonatan belarde osante

Responsable Desarrollo de Negocio en Tenzing: Urbegi International Group

Bilbao y alrededores, España | Servicios y tecnología de la información

Actual	Tenzing Urbegi, Bidenet, Spanish Leadership
Anterior	Enkarterrialde, Asociación Enkar Hiria Elkartea, Telyco Center
Educación	CFP Somorrostro

500+
contactos

Español ▾ es.linkedin.com/in/jonatanbelarde/

Información de contacto

Cursó estudios de Salud Ambiental. A los 20 años fundó una productora musical llamada Smoking de Luxx Collective con la que organizaban festivales con bastante éxito en el País Vasco y otros lugares en España. Con 22 años constituyó la primera SL, una ingeniería de Seguridad y Salud Laboral en la que trabajaban 6 personas que dirigió durante 5 años y que anualmente facturaba alrededor de medio millón de euros.

Durante un año permaneció en la Amazonía Peruana ayudando a asociaciones y cooperativas de agricultores y nativos a crear e impulsar sus propios negocios.

Posteriormente trabajó dos años en Enkarterrialde, una Agencia de Desarrollo Rural cuyo cometido era el desarrollo socio económico de la región coordinando proyectos en Internet y dinamizando el uso de las TIC e Internet como fuente de recursos y de negocios. Actualmente es fundador, CEO y consejero de Bidenet, y Responsable de Desarrollo de Negocio y Ventas de Tenzing, la división tecnológica del Grupo Urbegi.

14. Servicios y Sinergias clave del emprendedor y el network

El concepto emprendedor comienza a tener connotaciones notablemente superiores. El 90% de las empresas en todos los países son PYMES y ya prácticamente nadie tiene aspiración a ocupar el mismo puesto de trabajo durante toda su vida. Hay una frase especialmente impactante referenciada por la Comisión Europea en 2010: "El 60% de los niños menores de 5 años tendrán trabajos que hoy no existen". El calado de esta afirmación es abrumadora y nos lleva a una reflexión profunda sobre el panorama que tendrá el mundo de los negocios dentro de apenas una veintena de años. Quien no domine a la perfección competencias digitales, sociales y empresariales que aún hoy no han sido concebidas, estará fuera de juego.

14.1. Estamos en un período de transformación total

Las empresas están sufriendo una transformación total: desaparecen los intermediarios, se eliminan los procesos que aportan poco valor, se externalizan las actividades que no forman parte del expertise de una empresa, por lo tanto adquieren valor personas que aportan conocimiento, que dominan ciertas competencias, que favorecen la flexibilidad y el crecimiento de las organizaciones. Una persona emprendedora lleva en sus genes competencias, aptitudes y actitudes que otras no tienen tan desarrolladas: el compromiso en los resultados, la visión integral del negocio y de la estrategia del mismo, la permanente identificación de nuevas oportunidades. Y esto es cada vez más valioso para una organización compleja. Una organización alineada con esta visión será capaz de aprovechar los nuevos nichos y las oportunidades de negocio que un emprendedor es capaz de identificar de forma continua.

Esto quiere decir que una organización integrada por emprendedores tendrá un potencial de crecimiento y diversificación infinitamente mayor que otra que no los tenga. Para estos intra-emprendedores (emprendedores dentro de una organización), es fundamental trabajar estrechamente con la gerencia o dirección ejecutiva. Necesitan sentir y conocer el origen de las decisiones y participar en ellas. También tiene sus riesgos para las organizaciones, ya un emprendedor que deja de sentir que aporta valor dentro de una organización es síntoma de que algo no va bien, siendo preferible ahondar en las razones, o encontrar nuevos retos fuera de la organización. Por supuesto, un emprendedor nunca deja de adquirir nuevas y mejores competencias y conocimientos para trabajar con la convicción de estar aportando valor a la organización.

El tiempo de la formación, de la experiencia y de la trayectoria de las personas como valor en sí mismo ha finalizado. Es insuficiente y forma parte del pasado. Es solo una ilusión. El emprendizaje, la empresa y los negocios se mueven en tiempo real y en el presente. Una idea de negocio es una chispa que se desvanece a cada minuto que pasa. Las oportunidades no esperan al mañana. Nos guste o no, las relaciones entre personas se mueven en el ahora y en tiempo real. Una hora más tarde es demasiado tarde. Una hora más tarde habremos perdido el interés o desviado nuestra atención y energía hacia otra esfera. No buscamos personas sino competencias que buscan ser resueltas.

14.2 Networking es la respuesta para controlar el tiempo

¿Cómo controlar el tiempo real? Solo hay una respuesta: el Networking. Sólo en los canales digitales se puede mantener este pulso que late segundo a segundo, donde las decisiones se toman prácticamente en el acto, donde las organizaciones más pesadas y con criterios demasiado tradicionales se mueven lentas, y en cambio, las organizaciones livianas, start-ups, redes de emprendedores se mueven ágiles hacia aquellos huecos que dejan los contactos no resueltos. El Networking es encontrar la necesidad de nuestros contactos actuales y potenciales, reconocer su estado vital y dominar el arte de satisfacer su necesidad o resolver su problema en el presente. Esto proporciona un poder absoluto y una ventaja competitiva notable respecto a otras personas o empresas que se fían de su experiencia no contrastada.

El Networking nos permite estar conectados entre nosotros para aprovechar las sinergias y complementariedades con las que podemos hacer crecer nuestras organizaciones. La mundialización del mercado implica trabajar con socios y partners de todo el mundo si queremos ser capaces de acceder a determinadas oportunidades. Hay muchos países que gozan de una muy buena salud económica, sin socios o partners en dichos países es muy difícil hacer que prospere un proyecto.

En muchos casos, es requisito legal el que la empresa tenga sede o socios en dicho país simplemente para poder emitir una factura. Ante esta tesitura la mejor opción por aspectos económicos, por rapidez, por control del riesgo y por viabilidad es la asociación con partners locales que compartan tu visión en la consecución de unos objetivos comunes. Y también implica alimentarnos mutuamente entre actividades diferentes para enriquecer nuestros servicios. Solo el líder de una organización tiene criterio y capacidad para detectar inmediatamente estas sinergias y tomar la decisión de explorar estas vías de colaboración. Por medio del Networking se crean canales y vínculos y se fortalecen relaciones que permiten acceder a nuevas oportunidades que hay en el mercado y a las que solos no podríamos acceder.

El denominado intelligence business nos permite encontrar (o ser encontrado) por el perfil de partner que necesitamos para expandir nuestra red de distribución de nuestros productos y servicios o trabajar en un proyecto común con ventajas para ambos. Es a Internet donde actualmente se está desplazando la actividad comunicativa que les permite a empresas de cualquier tamaño y emprendedores atraer la atención de aquellas organizaciones interesadas en establecer vínculos de colaboración con ellos. Estas redes que son una completa revolución en la forma de hacer negocios, un campo perfecto para explorar y hacer benchmarking y encontrar sinergias.

Jamás un profesional ha tenido a su disposición más recursos con los que competir de tú a tú con grandes organizaciones. Costoso software, herramientas de gestión, técnicas y herramientas de comunicación y marketing que antiguamente eran para uso exclusivo de organizaciones pudientes, se sirven bajo modelos Cloud Computing con tarifas a medida. Toda la información que una empresa de alto rendimiento es capaz de gestionar se encuentra en Internet. Todos los contactos, clientes potenciales, stakeholders que un emprendedor o emprendedora pueda necesitar a lo largo de toda su carrera profesional están ya en plataformas de redes sociales como Linkedin. ¿Cuál es el limitante entonces?

14.3 De la era del Know-How a la era del Know-Who: El Marketing Inbound

Para cualquier organización, y más en el caso de los emprendedores, es clave su red de contactos. La estructura que sea capaz de tejer será la que cubra las necesidades crecientes de su negocio. Los negocios se construyen a partir de los contactos. El Know-how ha pasado a un segundo plano y actualmente es más importante el Know-who. El resolver cualquier problema y satisfacer toda necesidad queda lejos de nuestras posibilidades, pero no en cambio conocer a las personas que sí pueden resolverlos. Proyectos que están fuera de las fronteras de nuestras capacidades pueden ser afrontados por varias personas u organizaciones, y es aquí donde entran en juego las relaciones de confianza.

Las relaciones de confianza son un peldaño más en la construcción de nuestro proyecto profesional. Una relación de confianza es aquella en la que se disipan todas las dudas para trabajar de forma asociativa con otras personas en el logro de retos mayores. Solo en las relaciones de confianza se pueden fundamentar relaciones profesionales sólidas y estables. Los compromisos de gran calado no pueden fundamentarse sobre meros contactos, conocidos, referencias externas. Una relación profesional implica disponer de cierto criterio respecto a la tercera parte para no errar en la consecución de nuestro objetivo. Para mantener viva nuestra red de contactos de confianza -un contacto de confianza es aquel contacto que no dudaría en escuchar nuestras propuestas y tratar de ayudarnos en la medida de los posible a satisfacer nuestras necesidades - deben de activarse algunos mecanismos, muchos de los cuales son compartidos en el Inbound Marketing (marketing de atracción).

Conectar con personas que compartan los mismos intereses, mantenerse en contacto permanente mediante el envío frecuente de información, informes, artículos, etc., buscar la forma de aportar valor a la otra persona. En un mundo tan complejo donde existen tantas opciones, solo aquellas personas que sean capaces de aportar valor a sus contactos, serán las que aspiren, consolidando una red de contactos de confianza, a logros y metas mayores en su vida profesional. Los tiempos del marketing intrusivo donde obligatoriamente habíamos de consumir un anuncio televisivo por ver un programa que nos interesa está llegando a su fin. La capacidad de elegir y tener una amplia gama de opciones satisfactorias está provocando que las personas, marcas, empresas debemos aplicar otro tipo de medios para llamar la atención de nuestro público objetivo.

El marketing de atracción consiste en proporcionar valor y servicio a nuestros grupos de interés para que sean ellos los que acudan a nosotros en busca del servicio. ¿Y qué será de los grandes espacios publicitarios? Gracias a Internet la comunicación, la publicidad y el marketing se han democratizado hasta provocar que personas con tan solo un smartphone y una idea logren mayor repercusión que costosísimas campañas publicitarias lanzadas en televisión.

En Internet hay cientos de canales en los que una persona se puede posicionar como referente en su sector o actividad, y generar por ello una mayor demanda o interés por sus servicios. Es aquí cuando llegamos a otra de las claves para un emprendedor: su marca personal.

La marca personal de una persona, sea emprendedor, empresario, funcionario o aspirante a un puesto de trabajo, son aquellos valores y características con las que el resto de personas le asocian. La marca personal determina el tipo y grado de relación que va a alcanzar con otras personas, y esto a su vez determina el éxito que puede lograr en sus proyectos si decimos que para poner en valor sus proyectos necesita de una estructura sólida y fiable.

La marca personal viene asociada a la reputación, algo que con Internet se ha convertido en trascendental. ¿Qué hace usted cuando va a visitar por primera vez a una empresa o a una persona? Usted, como todos, teclea su nombre en un buscador de Internet y ojea e investiga entre las páginas todo aquello que puede arrojarle luz para conocer mejor a su interlocutor. Internet se ha convertido en un repositorio de noticias y referencias a personas y organizaciones que además tiene tres peculiaridades: Es el medio al que más personas recurren para consultar los datos y referencias de alguien a quien se va a conocer, es indeleble, y es eterno. Esto quiere decir que cualquier cosa, buena o mala, que se diga o escriba sobre una persona o empresa va a permanecer en Internet para el resto de sus días.

La reputación online es aquello que se dice de nosotros en Internet, y está cobrando una relevancia vital. El 99% de los reclutadores, directores de recursos humanos, etc. consultan en internet (buscadores, blogs, redes sociales...) las informaciones publicadas sobre la persona que investigan antes de tomar la decisión de contratarla o no. Esto es aplicable a otros tantos profesionales y emprendedores que cabalgan en busca de oportunidades sin cuidar este aspecto que determina sus vidas profesionales.

Pero la marca personal es algo más que la reputación online. Si la reputación depende del criterio y de los diálogos que terceras personas tengan sobre nosotros, la marca personal está más relacionada con los valores intrínsecos que deseamos potenciar, y hacer que afloren en nosotros mismos y externamente. La marca personal es alinearse con una estrategia personal o profesional y comunicar adecuadamente aquello que implica el despliegue de dicha estrategia. Definir lo que somos y queremos ser, y proyectarlo para que externamente se nos perciba de tal manera.

La confluencia de estas cuatro claves determinará en el futuro los resultados de nuestros proyectos como emprendedores o profesionales: nuestra capacidad de estar conectado en tiempo real, nuestra red de contactos de confianza, nuestra reputación y nuestra marca personal.

Jonatan Belarde, Bilbao, España, 21 de Diciembre 2012

CAPÍTULO 15

Por Juan Antonio Mesonero Escuredo

http://nl.linkedin.com/in/juanantoniomesoneroescuredo/

BIOGRAFÍA

Juan Antonio (JAME™) Mesonero Escuredo

•Bilingual veterinarian • Expert on improving animal health & human nutrition • Spanish Leadership Expert•

Tilburg Area, Netherlands | Veterinary

Current — Nutreco, Spanish Leadership
Previous — HIPRA S.A., Laboratorios Ovejero SA, NOVARTIS ANIMAL HEALTH
Education — Universidad de León

Improve your profile Edit ▾

500+
connections

English ▾   nl.linkedin.com/in/juanantoniomesoneroescuredo/   Contact Info

Juan Antonio es Licenciado en Veterinaria por la Universidad de Santiago de Compostela. Le avala una larga trayectoria profesional de más de trece años en la industria nacional e internacional de la salud animal.

Comenzó su carrera profesional ejerciendo la clínica de pequeños animales, posteriormente se dedicó al campo de la producción animal y continuó desarrollando su profesión en la industria farmacéutica. En este sector comienza trabajando en el departamento técnico y de ventas, para finalmente ocuparse de la sección de Marketing y desarrollo de producto. Esta etapa la inicia en España y Portugal, para finalmente ser responsable global de unidad de negocio. Su conocimiento abarca tanto el campo de la patología como el de la producción animal.

Durante su desarrollo profesional en el área de la producción animal realiza una estancia de formación en patología y producción porcina en la Universidad de Minnesota (USA). Al mismo tiempo posee una amplia experiencia en la comercialización de farmacológicos y biológicos. Posee un PMD *Executive Education* por ESADE *Business School* llevado a cabo durante su fase profesional en NOVARTIS AH. Finalmente su gran "*hobbie*" es el fitness y la nutrición deportiva.

Es entrenador personal FEDA y posgrado en Nutrición Deportiva y Dietética por la Universidad de León.

En la actualidad desarrolla su carrera profesional en el área de la salud animal a nivel global desde la prevención, inmunología y nutrición en NUTRECO.

15. Holanda pudo perder el mundial pero es líder en LinkedIn

Queridos amigos, si habéis llegado a este capítulo después de la marea de conocimientos anteriores, es que sois auténticos titanes y sabéis cuáles son vuestros objetivos en la vida.

Es curioso cómo puede cambiar la visión de las cosas cuando vives expatriado ejerciendo tu profesión. Aunque parte de mi carrera profesional la he ejercido de manera global residiendo en España, cuando vives en el extranjero tu perspectiva cambia completamente.

15.1 Schiphol el aeropuerto tecnológico de Europa

Escribo estas letras en uno de los aeropuertos más importantes del mundo, como es Schiphol. El movimiento de personas a nivel mundial, en la actualidad, es increíble. Y eso ha cambiado también el enfoque de cómo afrontar nuestros diferentes estilos de vida. Lo mismo pasa con las nuevas tecnologías, te permiten ser ubicuo y poder presentarte al mundo desde cualquier lugar, simplemente con una conexión a internet.

LinkedIn es parte de esas herramientas que nos brindan las nuevas tecnologías y este nuevo mundo donde vivimos interconectados a tiempo real. En este capítulo vamos a hablar de algunos detalles, de notas curiosas, que a veces no paramos a pensar. Holanda es una de las pocas economías de la UE que está **totalmente** saneada, y si hacemos referencia al ranking de países desarrollados, ocupa el tercer lugar (Tabla 1);

Futbol TOTAL, economía TOTAL.

Tabla 1 Países según índice de desarrollo 2011

Rank				HDI		Rank				HDI	
New 2011 Estimates for 2011 [12]	Change compared to new 2011 data for 2010 [2]		Country	New 2011 Estimates for 2011 [12]	Change compared to new 2011 data for 2010 [12]	New 2011 Estimates for 2011 [12]	Change compared to new 2011 data for 2010 [2]		Country	New 2011 Estimates for 2011 [12]	Change compared to new 2011 data for 2010 [12]
1	—		Norway	0.943	0.002	25	—		Luxemburg	0.867	0.002
2	—		Australia	0.929	0.002	26	—		Singapore	0.866	0.002
3	—		Netherlands	0.910	0.001	27	—		Czech Republic	0.865	0.002
4	—		United States	0.910	0.002	28	—		United Kingdom	0.863	0.001
5	—		New Zealand	0.900	—	29	—		Greece	0.861	0.001
6	—		Canada	0.908	0.001	30	—		United Arab Emirates	0.846	0.001
7	—		Ireland	0.908	0.001	31	—		Cyprus	0.840	0.001
8	—		Liechtenstein	0.905	0.001	32	—		Andorra	0.838	—
9	—		Germany	0.905	0.002	33	—		Brunei	0.838	0.001
10	—		Sweden	0.904	0.003	34	—		Estonia	0.835	0.002
11	—		Switzerland	0.903	0.002	35	—		Slovakia	0.834	0.002
12	—		Japan	0.901	0.002	36	—		Malta	0.832	0.002
13	▲ (1)		Hong Kong	0.898	0.004	37	—		Qatar	0.831	0.005
14	▼ -1		Iceland	0.898	0.002	38	—		Hungary	0.816	0.002
15	—		South Korea	0.897	0.002	39	—		Poland	0.813	0.002
16	—		Denmark	0.895	0.002	40	▲ (1)		Lithuania	0.810	0.002
17	—		Israel	0.888	0.002	41	▼ -1		Portugal	0.809	0.001
18	—		Belgium	0.886	0.001	42	—		Bahrain	0.806	0.001
19	—		Austria	0.885	0.002	43	—		Latvia	0.805	0.002
20	—		France	0.884	0.001	44	—		Chile	0.805	0.002
21	—		Slovenia	0.884	0.002	45	▲ (1)		Argentina	0.797	0.002
22	—		Finland	0.882	0.002	46	▼ -1		Croatia	0.796	0.002
23	—		Spain	0.878	0.002	47	—		Barbados	0.793	0.002
24	—		Italy	0.874	0.001						

Ref.: Wikipedia

Últimamente he conocido algunos financieros en Holanda, y en ocasiones expresan su malestar por estar cansados de pagar la factura de Europa. Me comentan que en España hay unas bonitas autovías pagadas por el FEDER. Y que ellos tienen que pagar muchos impuestos para construir las suyas y las de los demás. Da qué pensar.

España tiene un potencial enorme pero a diferencia de este pequeño país Holanda, algo mayor que Galicia en extensión, con 15 millones de habitantes, no posee un tejido económico e industrial envidiable. NO existe una cultura del emprendimiento y se nota.

15.2 LinkedIn 2012: De 144 millones a 200 millones en 12 meses

Haciendo referencia a LinkedIn, a principios de año ya éramos 147 millones (habiendo cerrado 2011 con 144) y el número de 200 millones es más que factible. Además es muy interesante ver como las nuevas generaciones lo adoptan como medio de trampolín profesional (Imagen 1). Es un nuevo punto para el emprendimiento.

Imagen 1, Usuarios LinkedIn por sexo y edad.

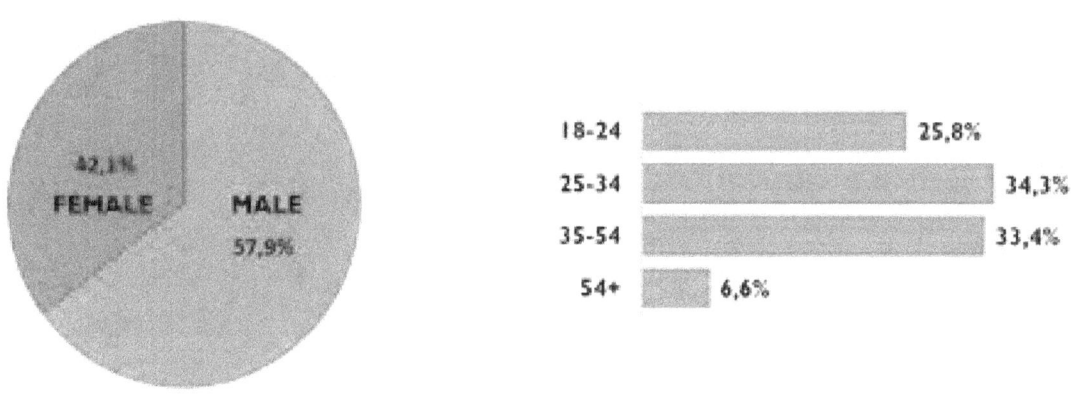

LinkedIn Ad Platform
Data comes from the LinkedIn Estimated Target Audience
Estimated Target Audience is an approximation of total member registrations.

Aquí vemos como una idea creada en California (USA) se disemina por el globo (Imagen 2), es el concepto de "Business Intelligence", herramienta de trabajo TOTAL, GLOBAL, puedes estar en cualquier parte del mundo… es la ubicuidad tecnológica.

Imagen 2, Evolución global LinkedIn en millones de Usuarios.

LinkedIn Ad Platform
Data comes from the LinkedIn Estimated Target Audience
Estimated Target Audience is an approximation of total member registrations.

Holanda es la número 7 del Ranking con 3,1 millones de usuarios a Enero de 2012, España se encuentra en el TOP 10 de países LinkedIneadores pero por detrás de Holanda, con 2,65 millones de Usuarios (Imagen 3), a día de hoy seguro que somos muchos más, con un crecimiento Español del 60,2 % (Imagen 4) en el último año (2011-2012).

Imagen 3, Ranking usuarios LinkedIn por país.

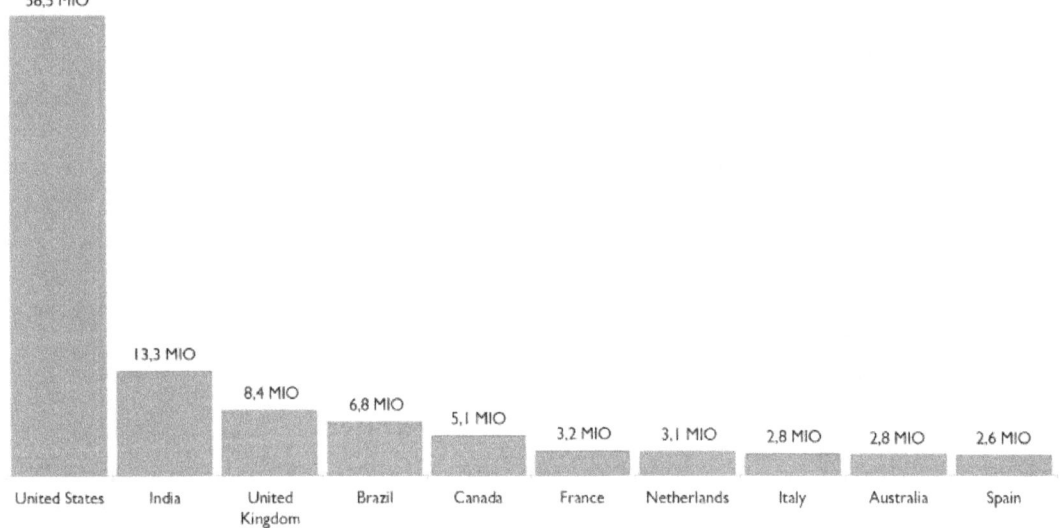

LinkedIn Ad Platform
Data comes from the LinkedIn Estimated Target Audience
Estimated Target Audience is an approximation of total member registrations.

15.3 Querer es poder

Conclusión, podemos, si queremos. Hay mucho potencial desperdiciado y oportunidades vacías. Solo hace falta que creamos en nosotros.

En Asía que es el hervidero económico mundial actual, Indonesia es el país con más crecimiento en el período 2011-12 y lo es también a nivel mundial. Fijaros que la media mundial es increíble 45%, hablamos de redes profesionales, hablamos de conectar, hablamos de oportunidades. (Imagen 4).

Imagen 4, Crecimientos por país (2011-12)

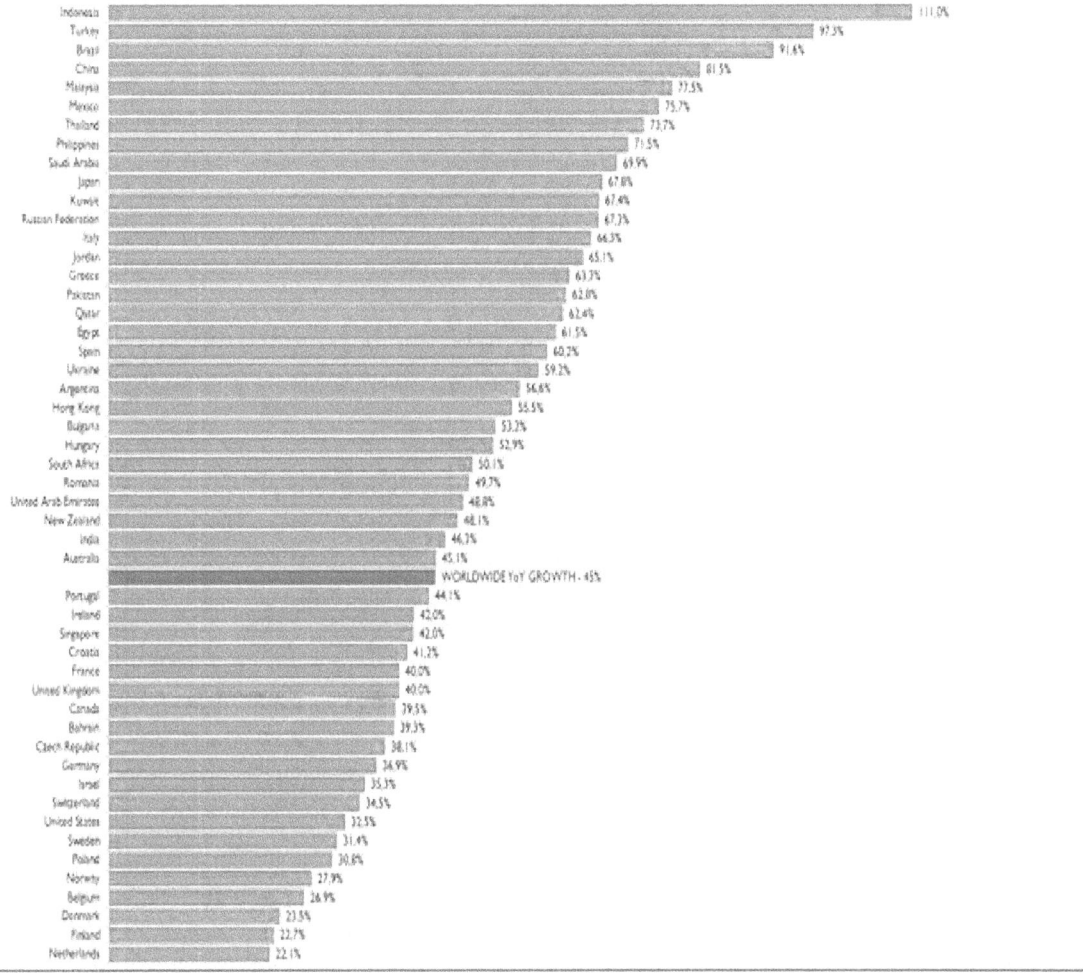

¿Nos estamos quedando fuera de la evolución en algunos sectores?, ¿es la evolución a día de hoy, solo un factor biológico?

Imagen 5

Industry	Worldwide	Africa	Asia	Europe	Latin America	Middle East	North America	Oceania
High Tech	14,3%	13,8%	25,2%	14,8%	11,5%	17,1%	11,6%	12,8%
Finance	13,4%	13,4%	11,9%	11,9%	9,8%	11,5%	14,8%	13,8%
Manufacturing	10,1%	12,1%	14,2%	10,6%	12,5%	15,0%	7,0%	9,4%
Medical	8,8%	5,5%	5,4%	7,4%	6,5%	6,6%	11,3%	7,4%
Educational	8,1%	6,8%	6,5%	7,5%	9,1%	5,9%	9,0%	8,0%
Corporate	8,0%	8,4%	0,4%	9,6%	10,3%	6,7%	9,6%	9,0%
Consumer Goods	7,1%	6,1%	6,4%	7,1%	7,7%	6,0%	7,3%	6,8%
Recreational	5,6%	5,5%	4,4%	5,8%	5,7%	5,0%	5,9%	6,4%
Construction	4,7%	5,3%	4,0%	4,5%	5,4%	9,0%	4,5%	5,6%
Government	3,9%	4,7%	1,8%	4,1%	4,6%	2,4%	4,4%	4,7%
Arts	3,7%	2,0%	2,3%	4,4%	3,0%	2,0%	3,7%	4,0%
Media	3,2%	3,1%	2,8%	3,9%	2,6%	2,7%	3,1%	3,4%
Non-profit	2,8%	3,6%	1,9%	2,2%	2,7%	2,2%	3,4%	2,7%
Transportation	2,6%	3,2%	2,2%	2,9%	2,9%	3,5%	2,4%	2,0%
Service	2,3%	2,7%	1,3%	2,4%	2,2%	1,4%	2,6%	2,3%
Legal	1,9%	1,6%	0,7%	1,8%	1,7%	0,9%	2,4%	1,9%
Agriculture	0,5%	1,1%	0,3%	0,4%	1,4%	0,4%	0,4%	0,0%

LinkedIn Ad Platform
Data comes from the LinkedIn Estimated Target Audience
Estimated Target Audience is an approximation of total member registrations.

Son preguntas que nos tendremos que ir haciendo.

Creo verdaderamente que podemos hacer mucho más, que hay futuro, que hay posibilidades, que somos un gran país y que las nuevas tecnologías y redes profesionales nos brindan una oportunidad, antes soñada.

Juan Antonio Mesonero Escuredo, Tilburg, Holanda, 21 Diciembre 2012

CAPÍTULO 16

Por Andrés Cañadas
http://es.linkedin.com/in/andrescanadas

BIOGRAFÍA

Andrés Cañadas es Empresario y Ejecutivo con experiencia internacional, Visión Estratégica, Desarrollo de Negocios y un jugador de equipo.

Formado como Ingeniero Industrial, Master en Business Administration (MBA) y apasionado de la tecnología se inició en el sector de las Tecnologías de Información con la llegada de los primeros IBM PC's a España en 1985 siendo estudiante.

Cuenta con casi tres décadas de experiencia profesional. Andrés tiene un sólido historial de consultoría de negocios, operaciones y Tecnologías de la Información. Ha ocupado una serie de altos cargos europeos de empresas de gran prestigio tales como Comaprex, Migun Medical Instruments y Next Computer Services.

En los distintos puestos directivos ha trabajado para clientes en los sectores de Telecomunicaciones, Banca, Salud, Administración Pública, Industria, y Formación, tanto para Pequeñas y Medianas Empresas como para grandes corporaciones.

Andrés Cañadas en los últimos 10 años se ha especializado en la asesoría a empresas en liderazgo y gestión de equipos de alto rendimiento.

Desde Marzo de 2012 contribuye como Associate en Spanish Leadership
Spanish Leadership es un "i3" (Ideas Incubadora de Internet) que ofrece servicios de asesoramiento para las estrellas del deporte más importantes de España, empresarios y empresas.

16. Iniciativa personal es la base de un buen emprendedor y gestor

A la hora de describir la importancia capital que tiene la iniciativa como cualidad personal en el perfil del líder emprendedor podemos acudir a una variada literatura en la que encontraremos múltiples descripciones y extensos tratados..

Por otro lado la experiencia de los líderes empresariales de todo el mundo es parecida. Son corrientes las historias de empresarios de éxito que, o bien anteriormente han cosechado no tan conocidos fracasos, o los que después de ser reconocidos por la comunidad internacional pasan a engrosar la lista de fiascos.

Las compañías suelen disfrutar de igual suerte al encontrarse descritas cómo líderes mundiales y posteriormente pasar a ser absorbidas o cerradas. Peor suerte corren otras que son tomadas como ejemplo de las escuelas de negocio más prestigiosas para describir lo que no se debe hacer. Abundan los ejemplos de cómo una compañía ha perdido la posición de liderazgo, ha tenido en la mano tecnologías que ha cedido a precios ridículos para que otros se hagan millonarios y son ejemplos de malas prácticas empresariales y los nombres de sus fracasados gestores son conocidos como responsables de tales desmanes.

Personalmente he conocido a alguno de estos ejecutivos, gerentes y empresarios marcados por el estigma del fiasco y he podido aprender que existen dos alternativas a estas situaciones. De una parte los que aceptan su culpa y se mortifican por ello durante el resto de su vida contando historias donde culpan a otros de sus fracasos y explicando como cualquiera en su posición habría hecho lo mismo. De otra parte están a los que admiro, los que tiene una explicación de cómo ellos mismos no supieron ver las circunstancias que les condujeron a tomar las decisiones erróneas en los momentos inadecuados y han seguido tomando las riendas de sus carreras profesionales marcadas con iniciativas personales y profesionales con un cambio positivo, poniendo sus conocimientos y empeño en nuevos éxitos.

Las redes sociales han cambiado la forma de relacionarse las personas y las organizaciones. Es triste ver como organizaciones con gran despliegue de mercado y una gran reputación como marca van perdiendo su presencia e influencia por no tener iniciativas basadas en redes sociales. LinkedIn es la principal red social de negocios en todo el mundo. Más de 180 millones de ejecutivos, profesionales, posibles clientes y proveedores están conectados entre sí. Los líderes del futuro son los que hacen que el presente cuente. La iniciativa de construir las bases del futuro en el presente por medio de las redes sociales es el centro de este capítulo.

16.1.- ¿Cómo Poner En Valor La Iniciativa?

Para Pedro Nueno en si conocido libro "Emprendiendo, El arte de crear Empresas" encontramos esta definición:

"Hoy se aplica el termino de emprendedor a las personas que tienen una sensibilidad especial para detectar oportunidades y la capacidad de movilizar recursos externos, recursos que son generalmente propiedad de otros ,para explotar dichas oportunidades".

Si bien la primera parte nos habla de las capacidades para detectar y dimensionar una oportunidad de negocio, la segunda nos habla de la capacidad para llevarlo a la práctica.

En cualquier empresa los gestores modernos deben contar con dotes de emprendimiento, pues los mercados y las oportunidades se desarrollan a tal velocidad que es una locura sentarse y esperar a que se nos aparezcan las oportunidades.

Yo personalmente me uní a una iniciativa que se denominaba LinkedIn antes de alcanzar el primer millón de usuarios en todo el mundo. Recuerdo la cantidad de veces que hablé con muchos de mis contactos profesionales para animarles a unirse a la red sin conseguir grandes resultados. Eso no me hizo desistir y ahora observo como con gran acierto que muchos de ellos son líderes que se mantienen al día gracias a LinkedIn.

Las redes sociales son como los antiguos "casinos" de pueblo donde se hacían los negocios. Un viejo vendedor que se ganaba la vida haciendo pólizas de seguros donde nadie había estado antes, me narraba como acudía a los principales foros de los pueblos, generalmente un bar o lugar de reunión del circulo de labradores y empezaba a hacer relaciones sociales con todos ellos. Al cabo de dos días tenía una cartera de clientes que le merecía la pena volver a por más en el siguiente viaje.

La forma en la que se usan las herramientas es la que les da valor. Una herramienta como LinkedIn se debe usar de forma correcta, en caso contrario es como clavar tornillos con una llave inglesa. La primera iniciativa de conocer las mejores prácticas de uso de LinkedIn con la compra de este libro ya la ha dado. Esta magnífica iniciativa no debe caer en saco roto.

Siguiendo el ejemplo del viejo vendedor de seguros, podemos estar en el foro adecuado, LinkedIn, correctamente vestido, perfil profesional completo y adecuado, pero si no tomamos la iniciativa de intervenir, interconectarse y socializar pasaremos desapercibidos.

No es posible conocer a todos nuestros clientes potenciales, no es posible detectar a los mejores recursos para nuestras iniciativas y tampoco es posible establecer relaciones fructíferas con partners o proveedores si no tomamos la iniciativa para ello.

Hace no tanto tiempo cosechábamos infinidad de tarjetas de visita que clasificábamos y manteníamos al día. Ahora cambiamos eso por +180 millones de tarjetas de visita en una base de datos en la nube que además de un teléfono y una dirección postal nos permite conocer y mantener en valor la persona a la que tenemos como contacto en LinkedIn. Sabemos que relaciones mantiene en la red, nos enteramos de lo que nos quiere dar a conocer, su historial, sus metas, sus necesidades y podemos interactuar con el sin necesidad de coincidir en el mismo huso horario, en la misma ciudad o en el mismo continente.

Como el viejo vendedor de seguros encontraba en los "casinos" nosotros ahora encontramos en los Grupos de LinkedIn a las personas que están interesadas en los mismos temas, que además participan, comparten y ayudan a otros de esas comunidades a mejorar.

Nuestros compañeros de viaje en LinkedIn son los que nos aportan valor, nuestras conexiones, los compañeros de Grupo y aquellos a los que seguimos.

La puesta en valor de esta socialización sólo ocurrirá si tenemos la iniciativa suficiente para ser parte de esa comunidad y aportar nuestras pequeñas dosis de conocimiento, asesoramiento, inquietud y apoyo.

En un mundo empresarial tan vertiginosamente cambiante como el actual, Iniciativa para movilizar los recursos y poder aprovechar las múltiples oportunidades que se nos presentan cada día es la diferencia entre estar merced de los acontecimientos o marcar la diferencia.

16.2.- La Iniciativa Personal y el Liderazgo

No es necesario tener una empresa ni crearla para encontrarnos con esa iniciativa creadora de riqueza. Existen a nuestro alrededor personas con esa capacidad de liderar y movilizar los recursos de terceros. Cuando nos enfrentamos a un proyecto colectivo siempre encontraremos a un líder que de forma natural surge en el grupo y logra unir y sostener al mismo.

Son personas a las que admiramos y seguimos, nos arrastran al éxito del colectivo sin apenas darnos cuenta. Pero, ¿qué es lo que los hace diferentes a los demás?

Ese líder puedes ser tú mismo. Sólo debes conocer que para liderar cualquier proyecto debes:

> **Saber que estás buscando, que quieres lograr**. Si eres el capitán de un barco que no sabe qué rumbo tomar, seguro que te encontrarán perdido en el océano o simplemente no te encontrarán.

> **Debes arriesgarte**. Si crees que un líder alcanza sus metas siempre andando sobre terreno seguro, lo único seguro es que no hayas andado ni un paso. *Sólo en la acción está el avance.*

> **No hay excusas**. Los líderes tienen iniciativa no gastan tiempo en lo que podría detenerlos o valorarlos posibles obstáculos. *Se arrojan sobre ellos para resolverlos y sobrepasarlos.*

> **Que no te detengan los errores**. Napoleón sólo quería en su ejército generales que hubieran perdido alguna batalla, pues son los únicos que podían valorar justamente la victoria. *No basta con percibir el éxito, hay que dirigirse hacia él sin miedo a equivocarse.*

Iniciativa y Liderazgo están íntimamente unidas. Sin iniciativa no somos capaces de probarnos a nosotros mismo como líderes, aprender de nuestros errores y llegar a ser el Líder que verdaderamente somos. En LinkedIn hay más de 180 millones de profesionales esperando al líder que llevas dentro.

16.3.- Una Pequeña Historia Como Final

Un grupo de jóvenes universitarios europeos, con un MBA muy afamado, a punto de enfrentarse al reto profesional de rentabilizar la inversión realizada, aprovecharon una conferencia sobre negocios internacionales que impartía un conocido Empresario Asiático al final del curso para que en el turno de preguntas les indicara, desde su experiencia y conocimiento, que cualidades y aptitudes que debía tener una persona para convertirse en un empresario o ejecutivo de éxito.

"Soy de una ciudad del sur de mi país. Cuando tenía poco más de 15 años le pregunté a mi abuelo que debía hacer para convertirme en un hombre de éxito.

Él me contó que hace un tiempo en la ciudad existían varias pequeñas empresas que se dedicaban a la construcción y mantenimiento de jardines. Estas empresas contaban con personal muy cualificado proveniente de la escuela de Jardinería y Paisajismo fundada por él mismo, uno de los maestros más reconocidos en el país. Los trabajos de las mismas estaban llenas de creatividad y atrevimiento, usando las más avanzadas técnicas y con una belleza exquisita.

Cuando la ciudad decidió crear un nuevo parque que simbolizase el progreso de la misma, pidieron consejo a mi abuelo para elegir la empresa encargada de la ejecución de tan relevante obra.

De las muchas empresas disponibles él se inclinó por la empresa de Mr.Chang.

Mr.Chang no era el mejor alumno de su escuela. De hecho podría considerarse como uno de los peores alumnos de la misma en términos de creatividad, como luego me confesó, pues no contaba con la sensibilidad artística necesaria para el trabajo, pero a pesar de ello tenía otras cualidades a tener en cuenta.

El parque en cuestión estaba situado en medio de la ciudad, en frente del nuevo Ayuntamiento, por lo que cualquier persona que circulase por la ciudad se encontraría cerca del mismo. Si bien el diseño se encargó a la escuela de Jardinería, la ejecución de la misma la hizo la empresa de Mr.Chang.

Uno de los elementos del mismo era un lago en el que se dispusieron una serie de elementos florales en forma de islas y de un conjunto de elementos flotantes, réplicas de barcos de época. La obra se acabó en el tiempo previsto y ajustada al diseño original.

Un domingo se producía la inauguración del mismo por parte de las autoridades locales y la prensa. Dado que el taller de Mr.Chang se encontraba en uno de los extremos del parque, justo el opuesto al punto donde se reunía la comitiva del inauguración, este reunió a sus empleados y ejecutivos a primera hora de la mañana para darles la enhorabuena por el magnífico trabajo realizado y recalcarles el gran paso que esta obra representaba para la empresa.

Entre vítores y alegrías todos los empleados y ejecutivos fueron encaminándose hacia el lugar donde esperaba la prensa y las autoridades para la ceremonia de inauguración. Algunos de ellos pasaron por el lago en su camino hacia su sitio en la ceremonia.

Uno de los ejecutivos del taller Mr. Sum, responsable de la construcción y mantenimiento del lago, paseaba con su hijo mayor y su esposa explicándoles con orgullo que la obra era logro suyo y de su equipo. Observó que uno de los elementos flotantes, una réplica de un barco, estaba ligeramente hundido por la proa. Se detuvo y observándolo más detenidamente se marchó con la idea de comentárselo a Mr. Lee que era el encargado de las miniaturas flotantes en cuanto lo viera.

Poco después pasó un obrero del grupo de Mr.Lee y viendo al igual que Mr. Sum el problema con el barco semi hundido, se detuvo a valorar el problema. Ese barco era una obra directa de su equipo de trabajo, intentó imaginar que era lo que había fallado y cuál sería el problema. Ante la inminente inauguración, decidió que el lunes en el taller se lo comentaría al Mr. Lee y no esperaría que este o cualquier persona le hicieran responsable del problema. Además el barco en cuestión era uno de los pequeños y no se notaba mucho el hecho de que estuviera semi hundido.

Finalmente Mr.Chang pasó por el lago en dirección al Ayuntamiento donde le esperaban para la inauguración, con su traje y zapatos nuevos comprados por su mujer en la capital para la ocasión.

Se detuvo un minuto para contemplar la obra de su empresa. Al ver el problema con la figurita, sin pensárselo dos veces, se metió en el lago. Fue hacia donde estaba la figura y la sacó del lago.

Empapado y sucio se dirigió de forma acelerada hacia el Ayuntamiento buscando al personal de su empresa. Encontró a Mr. Lee y Mr.Sum, les enseñó la figura relatando en las circunstancias en las que se la había encontrado, a su esposa que le acompañaba en ese momento le rogó que se dirigiera al alcalde y le comunicara que se retrasaría cinco minutos.

Tras una breve e infructífera conversación entre los jefes de taller abrumados por la situación y reconociendo a uno de los artesanos que habían confeccionado las figuras flotantes, Mr. Chang se dirigió a él y le indicó que le siguiera hasta el taller para arreglar el barco y poder ponerlo de nuevo en el lago. El operario al ver a su jefe empapado y sucio, con el mismo traje que ya había visto en la reunión de la mañana, sin mediar palabra le siguió al taller y entre ambos consiguieron arreglar y colocar el barco en el lago antes de que la comitiva de la inauguración llegase al mismo."

Se hizo un silencio en la sala. Los estudiantes pusieron cara de no entender nada y este hombre se levantó y escribió en una pizarra contigua del auditorio.

Andres Cañadas, Madrid, España, 21 de Diciembre 2012

CAPÍTULO 17

Por Juan José Hernández Del Río

BIOGRAFÍA

Juan Jose Hernandez del Rio

Sought-after business expert. Industry and Corporate
Finance. Leadership. Can you see it?

Madrid y alrededores, España | Banca de inversiones

Actual	Spanish Leadership, ONEtoONE Corporate Finance, Sanjuan Asesores
Anterior	Edistudio Comunicacion
Educación	Capital & Corporate Faculty

Mejora tu perfil   Editar ▾

500+
contactos

Inglés ▾   es.linkedin.com/in/jjhernandezpymesleadership   Información de contacto

Juan José, estudió Administración y dirección de Empresas en ICADE. PIDD (Programa integral de desarrollo directivo) en ESIC Executive Education. Programa Superior en Corporate Finance y Capital Riesgo por Capital & Corporate Faculty. Máster en Asesoría Fiscal y Derecho tributario por el CEF. Programa Superior en Derecho Laboral y seguridad social por el CEF. Siempre en Formación continua, negocia con comodidad en Ingles.

Emprendedor con éxitos y fracasos.

Fundador de SANJUAN Asesores, www.sanjuanasesores.com, despacho profesional dedicado a la auditoría, gestión y asesoramiento empresarial.
Fundador de EDISTUDIO COMUNICACIÓN firma dedicada al marketing y diseño corporativo

Fundador de ESTUDIOS DINÁMICOS, Empresa dedicada a la formación multimedia.

Socio de ONEtoONE Corporate Finance, www.onetoone.es firma dedicada al asesoramiento y mediación en operaciones medianas de adquisición y fusión, habiendo participado en operaciones en el sector del "alquiler de maquinaria", "Facililty services", con cierres importantes en "catering", "trabajo temporal", "limpieza", y"organización de eventos" señalar también operaciones en el sector "farmacéutico" "productos dietéticos" y "avícola".

Experto en PYMES en Spanish Leadership,

Fundador del grupo en Linkedin PYMES LEADERSHIP

Ponente en conferencias puntuales en escuelas de negocios y foros empresariales, en temas relacionados con la gestión empresarial y Adquisiciones y fusiones. Destaca su conocimiento y comprensión de la Empresario/a Familiar, su capacidad de visualizar y unificar intereses, ágil y rápida adaptación a los sectores en los que ha trabajado. Disciplinado y perseverante gracias a su pasión por el Maratón.

17. Pymes leadership, la receta contra la crisis mental nacional

Llevo desde el año 1990 trabajando en una PYME familiar para la PYME familiar.

Según vamos aprendiendo a mejorar y profesionalizar nuestra empresa, nos ganamos la vida implantándolo de forma personalizada en nuestro cliente. Les ayudamos a mejorar el control de su empresa, y a optimizar y planificar sus obligaciones fiscales, laborales y contables. También les asesoramos, acompañamos en sus procesos completos de adquisición y fusión y en la búsqueda de inversores.

Creo en la pyme y estoy convencido de que tiene un papel protagonista para la recuperación de la economía.

La pyme es el motor de la economía, crea la mayoría de los productos y servicios innovadores del mercado y el 85% de todos los nuevos puestos de trabajo. Son la mejor esperanza para salir de la crisis, tiene mejor capacidad para adaptarse a las dificultades y es mucho más flexible que la gran empresa.

Sin embargo, la pyme tiene mucho que mejorar para ser más competitiva con respecto a la gran empresa. Por eso se hace imprescindible su profesionalización para poder aprovechar todo su potencial.

17.1. Características a mejorar de las Pymes

La pyme necesita mejorar las siguientes características generales:

✓ **Tendencia al crecimiento interno, individualista y nacional.**

Si preguntáramos a las PYMES europeas "El mercado global, ¿Tiene más ventajas o desventajas?, es un hecho significativo que son precisamente las PYMES más grandes, las que están presentes fuera de España y las que más rápidamente están creciendo, las que tienen una opinión más positiva frente a una opinión neutral que muestran más de la mitad de las PYMES (muchas de las cuales operan únicamente en mercado local)

✓ **Continuismo en la productividad**

La productividad del trabajo, definida como valor añadido por persona ocupada, está directamente influido por el tamaño empresarial, así el Observatorio Europeo para las PYME afirma en su sector informe que la productividad media entre las microempresas es de 30.000 euros, mientras que entre las empresas grandes esta magnitud se incrementa hasta los 60.000 euros.

✓ **En mi casa se hacen las cosas como yo digo "estructura familiar y cerrada"**

El empresario "vive en su empresa", dedica las 24 horas del día a su empresa. Además podemos destacar que su perfil responde de modo muy general a "hombre, autodidacta, dominador del sector que en un momento acertado decidió emprender una aventura empresarial y con un modo de dirigir personalista". La empresa suele ser familiar, con las particularidades que esto conlleva al juntarse el apartado sentimental con el empresarial.

Otra destacada debilidad es esta característica de empresa familiar. Hay estudios que demuestran que la empresa familiar no consigue superar la tercera generación. Graves problemas de sucesión, falta de formación, falta de implicación, incapacidad del fundador para suceder porque se siente imprescindible.

Aunque si existen experiencias de empresas familiares que han sido capaces de ganar dimensión, la tendencia tradicionalmente ha sido tener una actitud de excesivo recelo a perder el control de empresas familiares, ante ofertas de operaciones para adquirir tamaño.

✓ Carencia de formación

El escenario competitivo surgido de la globalización de la economía, la emergencia de la sociedad de la información o los avances constantes en la ciencia y la tecnología implican un desafío añadido para todos los sectores económicos en su dependencia de una mano de obra altamente cualificada. En este contexto, la formación continua de los empleados es una de las maneras más exitosas de afrontar estos desafíos.

Sin embargo la PYME, especialmente las más pequeñas deben hacer frente a diversas barreras de orden interno y externo que dificultan la realización de cualquier actividad formativa.

✓ Tecnología. la importancia de no quedarse atrás

El sector empieza a darse cuenta de la necesidad de un cambio radical hacia el desarrollo tecnológico para sobrevivir en un entorno globalizado. España se sitúa entre los países de menos intensidad inversora en I+D

Nunca tanto ha cambiado tan rápidamente en tan poco tiempo. Si vemos todo lo que nos rodea, comprobaremos que nada es como era hace 15 años. Ni los relojes, ni lo los electrodomésticos, ni siquiera la ropa que llevamos. Objetos que hace poco eran de uso habitual, se han convertido en artículos de museo. Por ejemplo el transistor, vinillo, guateque.

No se trata de apostar por las novedades tecnológicas, sino de optimizar y seleccionar cuidadosamente las herramientas con las que vamos a trabajar. La tecnología debe ser un medio para solucionar nuestra necesidad y nunca un fin.

✓ Miedo a gestionar bien el cambio

Por lo general la gestión del cambio en los procesos para ganar dimensión se percibe como una barrera en las empresas.
Como ejemplo, en las fusiones, la complejidad del proceso (planificar la transición, integración de culturas de empresa diferentes, adaptación de los procesos internos,…) y la lucha por el poder (dirección única, liderazgo,…) pueden plantear obstáculos que generen miedos en las industrias a una posible fusión.

Desde otra perspectiva, la asunción del criterio de un gran banquero español, que decía que "en los negocios hay que ser el primero en entrar y el primero en salir", resultaría el otro modo de afirmar que la labor de dirección es de naturaleza política, y que en ella lo importante es acertar: Hacer lo oportuno en el sitio oportuno en el momento oportuno.

También en numerosas ocasiones, los deseos de crecer de la PYME se ven truncados por fallidos intentos de acceder a financiación externa a la empresa además, este problema es sentido de manera más acuciante cuanto menor sea el tamaño empresarial.

La PYME tiene que hacer sus deberes y trabajar en sus debilidades pero el gobierno y las administraciones públicas tienen que apoyar urgentemente a esta en los siguientes aspectos como mínimo:

✓ Facilitar el acceso a la financiación y solucionar el grave problema de insolvencia.
✓ Cobrar debe ser más sencillo, cobrar en tiempo ha de convertirse en la norma. No cobrar mata.
✓ Fomento de la innovación.
✓ Ayudas a la exportación e internacionalización.

Creo que ya somos todos conscientes de que nos encontramos en una nueva era y este es el escenario en el que debemos competir. Hay mucha empresa triste esperando a que esta crisis se termine por arte de magia, y sin mover ficha por hacer las cosas de manera diferente.

En una situación como la actual, nos encontramos ante un escenario complicado por una serie de factores como la caída de las ventas, la reducción de márgenes, el exceso de costes fijos, la incertidumbre en los mercados, los desajustes en la política de precios, el incremento de la competencia "suicida"... Y esta situación se agrava cuando, además, la empresa se encuentra en un momento de inestabilidad financiera, derivada entre otras causas del crecimiento de la morosidad y la modificación de las políticas de crédito de las entidades financieras. Esto implica variaciones tanto en la operatoria como en el análisis de las garantías y de la solvencia empresarial.

Está claro que a corto plazo no habrá financiación de los bancos, los cuales están centrados en solucionar su problema. Habrá que centrarse en lo que mejor sabemos hacer y ofrecérselo a nuestros mejores clientes con el menor riesgo de cobro posible.

La concentración sectorial está aquí ya, ahora hay menos competidores porque muchos han desaparecido por lo tanto tenemos una gran oportunidad para ganar cuota de mercado, ahora más que nunca lo más importante es gestionar con disciplina financiera y mejor que los competidores.

En un escenario donde la inestabilidad y la morosidad están a la orden del día, controlar cada movimiento de la empresa resulta imprescindible. Así, el 52% de las empresas que han fracasado presentaban graves problemas de gestión. En los buenos tiempos, el principal indicador económico de las empresas era la dimensión del bolsillo, y como este tenía volumen, el resto no importaba, no importaba si había ganado o perdido clientes, si estábamos perdiendo márgenes a cambio del crecimiento, ¿Qué hacía mi competencia?, a veces ni siquiera conocía mi cifra de negocio.

El control de gestión basado en datos y hechos es imprescindible para poder sobrevivir. Hay que analizar los riesgos, evaluar la solvencia y estudiar los beneficios para poder trazar un plan de negocio con futuro y alejarse lo máximo posible de la quiebra.

Hay que tomar decisiones rápidas y aguantar este huracán porque el que sobreviva triunfará.

Hay que gestionar sin perder de vista la generación de caja, exprimiéndola al máximo, hay que reforzar la gestión de cobro, optimizar los stocks y dilatar los pagos...)

Hay que buscar estrategias de crecimiento, aquí hay oportunidades de mejora en las políticas comerciales y de marketing replanteando los modelos de negocio y mejorando los procesos, incorporando a las mejores personas para conseguir buenos resultados.

17.2. Conclusiones

La necesidad de supervivencia y éxito empresarial, exige, para los nuevos entornos, una mejora destacada en los sistemas de dirección, en concreto de los sistemas de información para el control del negocio y la toma de decisiones. En palabras de Amat y Salas: "La supervivencia y el éxito empresarial exigen una adaptación continua de la empresa al entorno tratando de lograr la máxima eficacia en el funcionamiento de su organización interna y de sus operaciones", lo que exige que la empresa tome un estilo de dirección estratégico en la gestión del negocio, así como un control permanente de su evolución para detectar posibles desviaciones respecto al funcionamiento adecuado y necesario.

Tendremos que hacer frente a las adversidades, enfrentarnos cara a cara con la realidad de la situación, crear una cultura en la que la gente sea escuchada,

Liderar con preguntas, no con respuestas.

Entablar un diálogo y un debate participativos, no coercitivos.

Disciplina y perseverancia en tres aspectos fundamentales:

¿Qué es lo que más te apasiona?

¿En qué puedes ser el mejor?

¿Qué mueve tu motor económico?

Juan Jose Hernández del Río, Madrid, España, 21 de Diciembre 2012

APÈNDICE : LIBROS DE LIDERAZGO RECOMENDADOS POR SPANISH LEADERSHIP

#	Title	Author
1	Financial Freedom	Collin Turner
2	You've got everything that it takes	Julio Melara
3	How to Win Friends & Influence People	Dale Carnegie
4	Attitudes & Altitudes	Pat Mesiti
5	Escape to Prosperity	Wes Beavis
6	The Magic of Thinking Big	David Schwarz
7	Business @ the speed of thought	Bill Gates
8	Rich Dad, Poor Dad	Robert Kiyosaki
9	Personality Plus	Florence Littauer
10	Born To Succeed	Collin Turner
11	Unstoppable	Cynthia Kersey
12	Dream Biz. Com	Burke Hedges
13	Coaching for Teamwork	Vincent Lombardi
14	Think and Grow Rich	Napoleon Hill
15	Do not Worry, Make Money	Richard Carlson
16	Balcony People	Joyce Landorf Heatherley
17	Seeds of Greatness	Dennis Waitley
18	The excellent human being	Miguel Angel Cornejo
19	The Eagle's Secret: Key strategies for success at work and home	David Mc Nally
20	Talk is not cheap	Beverly Inman-Ebel
21	Attitude is everything	Jeff Keller
22	The Magic of Smiling	Dutch Boling
23	Are you living your dream?	John Fuhrman
24	Skill with people	Les Giblin
25	The electronic dream	John Fuhrman
26	Diamonds Under Pressure: Five steps for turning adversity into success	Barry Farber
27	Success: One Day at a Time	John C Maxwell
28	The Magic of Getting What You Want	David J. Schwartz
29	You and Your Network	Fred Smith
30	Nine essential laws for becoming influential	Tony Zeiss
31	Listening for Success	Steve Shapiro
32	The Heart of a Leader	Ken Blanchard
33	Time and Money.Com	Jack Matthews
34	Wake up and Dream	Pat Mesiti
35	How to have power and confidence in dealing with power	Les Giblin
36	Creating Wealth on the Web	Cynthia Stewart-Copier

37	Who moved my cheese	Spencer Johnson
38	What to say when you talk to yourself	Shad Helmstetter
39	The 9 steps to Financial Freedom	Suze Orman
40	The Parable of the Pipeline	Burke Hedges
41	It's not about the bike: My journey back to life	Lance Armstrong
42	Pro-Summer Power !	Bill Quain
43	The Management from the Inside Out: The foolproof system for taking control of your schedule and your life	Julie Morgenstern
44	Hope from my heart: Ten lessons for life	Rich De Vos
45	You Inc: Discover The C.E.O. Within	Burke Hedges
46	Hung by the tongue: What you say is what you get	Francis P.Martin
47	Becoming a person of influence	Jim Dornan, John Maxwell
48	How to win friends and influence people	Dale Carnegie
49	Read and Grow Rich	Burke Hedges
50	The Greatest Salesman in the World	Og Mandino
51	The Psychology of Winning: The 10 qualities of a total winner	Denis Waitley
52	Acres of Diamond	Russell H. Conwell
53	The richest man in Babylon	George S. Clason
54	Suze Orman's Financial Guidebook: Put the 9 Steps to Work	Suze Orman
55	Rich Kid, Smart Kid	Robert Kiyosaki
56	Rich Dad's Prophecy	Robert Kiyosaki
57	How to Make Money in Stocks	William J. O' Neil
58	The Power of Positive Thinking	Normant Vincent Peale
59	Napoleon Hill's Positive Action Plan: How to make every day a success	Napoleon Hill
60	Winning Everyday	Lou Holtz
61	Dream Making in a Dream-Taking World	Steve Price
62	Soar to the Top: Rise Above the Crowd and Fly Away to Your Dream	Shawn Anderson
63	The Laws of Money, The Lessons of Life	Suze Orman
64	Leadership and Self Deception	The Arbinger Institute
65	Growing the distance	Jim Clemmer
66	The 21 most powerful minutes in a leader's day	John C. Maxwell
67	Basic People Skills	Dexter Yager
68	The Power of Focus	Jack Canfield, Mark Victor Hansen, Les Hewitt
69	The Diamond Rule: Secrets of a Master Diamond Cutter	Dr. Nate Booth
70	Rich Dad's Success Stories	Robert Kiyosaki

71	The One Minute Manager	Kenneth Blanchard
72	Freedom Tide: How You Can Make a Difference	Chad Connelly
73	Retire Young, Retire Rich	Robert Kiyosaki
74	Eat that Frog: 21 Great Ways to Stop Procrastinating and Get More Done in Less Time	Brian Tracy
75	The Servant: A simple story about the true essence of leadership	James C. Hunter
76	10 Rules to Break & 10 Rules to Make: The Do´s and Don´ts for Designing Your Destiny	Bill Quain
77	If You Can´t Climb The Wall, Build a Door	Dr. Charles Lever
78	Water: The Ultimate Cure	Steve Meyerowitz
79	B2B Back to Basics	Bill Quain
80	Know Your Limits: Then Ignore Them	John Mason
81	The Control Theory Manager	William Glasser
82	A personal view of Spain	José María Aznar
83	Cash Flow Quadrant	Robert Kiyosaki
84	Opportunity knocks	Pat Mesiti (Pasquale Vicenzo)
85	Dreamers Never Sleep	Pat Mesiti
86	You´vet Got Style	Robert A. Rohm Ph D
87	Feel the Fear and Do It Anyway	Susan Jeffers
88	The 21 Success Secrets of Self-Made Millionaires	Brian Tracy
89	Digital Freedom Chats	Federico Jimenez Losantos
90	The Quixtar Price is Right	Bill Quain
91	Whale Done	Ken Blanchard
92	The Next Generation Leader	Andy Stanley
93	A Whack on the Side of the Head	Roger von Oech
94	Making Friends	Andrew Matthews
95	Guide to Getting Rich without cutting up your credit cards	Robert Kiyosaki
96	You are Great!	Julia Hastings
97	Who took my money? (Why investors lose and fast money wins)	Robert Kiyosaki
98	How to be like Rich De Vos	Pat Williams
99	Take Time for your life	Cheryl Richardson
100	The 100 simple secrets of Successful People	David Niven
101	Portraits and Profiles	José María Aznar
102	The Four Laws of Debt Free Prosperity	Blaine Harris, Charles Coonradt
103	Boys who rocked the world	Editors of Beyond Words Publishing & Lar DeSouza
104	The Journey from Success to Significance	John C. Maxwell
105	The Magic of Believing	Claude M. Bristol
106	Higher than the Highest Mountain	Keith Laggos
107	The Green Bench	Matt Rawlins

www.ingramcontent.com/pod-product-compliance
Lightning Source LLC
Chambersburg PA
CBHW081121170526

45165CB00008B/2512